퍼스널 브랜드의 완성,
연출의 힘

Personal Brand

퍼스널 브랜드의 완성,

연출의 힘

최규호 지음

모바일북

"연출의 힘은
상대방의 마음을 사로잡는 기술이다."

　23전 23승, 전무후무한 기록을 남긴 이순신 장군은 어떻게 이기는 싸움을 했을까요? 그 힘은 바로 연출에 있습니다. 수십 배 이상 되는 큰 규모의 적군을 맞이했을 때 이순신 장군이라고 안 떨렸을까요? 그 전쟁을 책임지고 있는 수장으로서 국가의 존망과 부하들의 목숨이 달렸는데, 안 떨렸다고 한다면 그 또한 연출된 기록일 것입니다. 그와같은 상황이라면 누구나 걱정되고 두려울 수밖에 없습니다. 그럼에도 불구하고 이순신 장군은 본인마저 두려움을 갖는다면 모든 것이 끝장이라고 생각을 했던 것입니다. 무슨 일이 있어도 나는 이 전쟁에 이겨야만 한다는 각오로 자신을 세뇌했던 것입니다. 그래서 휘하에 있는 부하들이 자신을 따를 수밖에 없도록 연출을 했습니다. 결국 부하들의 마음을 사로잡게 되었고, 승리를 이끌게 되었습니다.

단 몇 백명의 군사로 수만 대군을 지휘하는 사마의 중달의 군사를 물리친 제갈공명도 마찬가지였습니다. 위나라 군사들이 성으로 다가올 때까지도 미동도 없이 의연한 태도로 사마의 중달을 기다렸습니다. 그 모습을 본 중달은 제갈공명의 무시무시한 계략이라 생각하고 대군을 데리고 도망을 가게 됩니다. 하지만 제갈공명은 정말 몇 백명의 군사만을 가지고 그와 같은 행동을 했던 것이죠. 만약 제갈공명이 몇 백명의 군사들의 마음을 사로잡지 못했다면 그와 같은 연출을 할 수 있었을까요? 결국 나라를 지켰고, 부하를 지켰고, 지금까지도 사람들에게 존경의 대상으로 남게 되었습니다. 즉, 모든 순간이 연출이라는 것을 깨닫게 된다면 이길 수밖에, 거절하지 못하게, 실패하지 않게, 지속 가능하게 하는 최고의 힘을 얻게 될 것입니다.

연출하기 위해서는 반드시 수반되어야 하는 것이 있습니다. 강력한 내면의 힘이 없으면 연출하는 것이 쉽지 않을 뿐만 아니라 순간을 모면할 뿐이기 때문입니다. 예를 들어 정직이라는 내면의 힘은 연출을 할 때 적정선을 지킬 수 있는 힘을 갖게 합니다. 또한 성찰과 사색도 자신의 분야에서 최고라는 자기 세뇌를 좀 더 깊이 있고 강력하게 할 수 있는 힘이 됩니다.

저는 지금까지 영업, 마케팅, 교육기관을 경험하면서 사회적으로 진짜 실력과 능력을 겸비한 사람들은 많이 보았습니다. 그러나 그들은 자신들이 살아남기 위해 왜 연출을 해야 하는지를 몰랐습니다. 그래서 사회적으로 두각을 드러내고 대한민국에 큰 보탬이 되어야 할 진짜들이 가짜들에게 밀리는 경우를 많이 보았습니다. 진짜들이 연출력에 대해 정확히 알게 된다면 더 이상 가짜들에게 밀리지 않게 될 것이라 확신합니다.

지금까지 퍼스널 브랜드 관련 책들은 많이 나왔지만 연출을 왜 해야 하고 어떻게 해야 하는지에 관한 책은 이 책이 처음입니다. 연출은 우리가 늘 숨 쉬는 것처럼 곁에 있으면서도 중요성을 모르고 있어 이 책을 쓰게 되었습니다. 이 책을 반드시 읽어야 할 독자들은 상대방의 마음을 훔치려고 하는 모든 사람들입니다. 조직에서 팀을 이끄는 분, 영업과 사업을 하시는 분, 누군가를 짝사랑 하고 있거나 취업을 준비하는 분들에게 적극 추천합니다. 연출의 힘은 바로 사람의 마음을 사로잡는 기술이기 때문입니다.

'자기계발서가 다 똑같지'라고 생각한다면 당장 읽기를 바랍니다. 손자병법에서 승리하는 군대는 먼저 이길 수 있는 조건을 갖춘 뒤에 싸우고, 패배하는 군대는 먼저 싸우고 나서 요행으로 승리하기를 구한다고 합니다. 또한 승리를 잘하는 자는 먼저 이겨놓고 싸운다고 합니다. 당신은 다듬어지지 않은 다이아몬드 원석입니다. 다듬어 질 수 있는 기회를 만났을 때 값어치를 할 수 있게 되는 것이죠. 이 책은 당신에게 그런 기회를 제공하고 정말 당신의 능력과 실력을 세상에 유감없이 발휘했으면 하는 마음으로 썼습니다.

칼자루는 당신에게 있습니다. 당신이 원하는 대로 세상에 당당히 자신을 연출하세요.

마지막으로 이 책을 출간할 수 있도록 도와주신 모바일북 출판사를 비롯해 함께 응원해주신 모든 분들에게 감사의 말씀을 전합니다.

세상을 바꿀 당신에게
최규호 올림

[Part 2] 자기 마케팅은 필수다

: 퍼스널 브랜드는 연출력의 가지(枝)이다!

[Part 3] 성공하는 연출력

: 연출력은 꽃과 열매이다. 승부를 결정짓는다!

"우리는 매 순간 연출을 하고 있다.
다만 깨닫지 못할 뿐이다."

Part 1

내면의 힘

강력한 내공은 연출력의
근간(根幹)이다!

지성인은 자신의 마음으로 자기 자신을 망보는 사람이다.

– 알베르 카뮈(알제리의 소설가)

세월이 흘러도, 시대가 변해도 지금도 읽히는 책들이 있다. 성경, 탈무드, 논어, 맹자, 장자, 시경, 주역, 중용, 사기, 채근담 등과 같은 책들이다. 그 책들 속에 도대체 어떤 내용들이 담겨 있길래 당대 사람들의 마음을 사로잡았던 것일까? 바로 사람의 본질을 이야기했기 때문이다. 아무리 세월이 흘러도 사람이 지켜야 할 도리는 변하지 않는다. 그 본질의 힘이 바탕이 되었기 때문에 지금의 세상이 유지가 되기 때문이다. 그 본질이 바로 내면의 힘이다.

늘 연출을 하고 있음에도 깨닫지 못하고 살아가는 우리들이다. 연출력을 기르기 위한 첫 번째 단계가 바로 내면의 힘을 기르는 것이다. 이번 장에서는 연출력을 기르기 위해 반드시 수반되어야 하는 가치들에 대해 말하고자 한다. 왜 정직이 연출력에 필요한지, 왜 성찰과 사색을 해야 하는 것인지, 겸손은 무엇이고 몰입했을 때 어떤 힘이 발휘되는지, 꾸준함은 어떤 결과를 가져오는지 등 반드시 가지고 있어야 하는 보이지 않는 힘에 대해 지금부터 알아보자.

'자기계발서가 다 똑같지'라고
생각한다면 당장 읽어라

_ 겸손

겸손이 없다면 당신은 인생의 가장 기본적인 교훈도 배울 수가 없다.

– 존 톰슨(영국의 물리학자)

스스로 자랑하고 뽐내고 싶은 욕구는 누구에게나 있다. 이것을 자만심이라고 한다. 아무리 뛰어난 업적을 가진 사람도, 돈이 넘치게 많은 사람도 자만심이 강하면 그 이상의 가치를 올릴 수 있음에도 머무르고 말게 된다. 미국의 유명한 권투 선수 메이웨더 주니어는 SNS를 통해 돈을 자랑하기로 소문이 났다. 필리핀의 영웅 파퀴아오와의 한 판 대결로 1,600억 원 이상을 벌어들일 정도로 수입이 엄청나기 때문이다. 돈을 자랑하는 것도 하나의 자유 표현이라고 할 수는 있다. 하지만 그는 공인이다. 앞으로의 활약과 권투 지도자까지 생각을 한다면 그가 만들어 나갈 업적은 아직도 무궁무진 하다.

그래서 좀 더 겸손한 자세를 갖는다면 소위 돈 자랑하는 모습을 부정적으로 보는 사람들조차 그의 팬으로 만들 수 있지 않을까 한다. 적당한 자만심은 약이 될 수 있지만 지나친 자만심은 상대방에게 잘난 척을 하는 느낌을 주기 때문에 가까이 하고 싶은 마음이 들지 않게 된다. '자기계발서가 다 똑같지'라고 생각하는 사람들도 마찬가지다. 그것은 자만심이 지나친 생각이다. 물론 수 만권의 책을 섭렵하고 문리의 이치를 깨닫게 된 출중한 고수라면 당연히 그 말을 순수하게 받아들일 수 있다. 하지만 자기계발 서적을 열 권도 읽지 않는 사람들이 대부분 '다 똑같다'라는 말을 한다. '선무당이 사람 잡는다'는 속담처럼 어설프게 아는 사람들이 자만심이 넘치는 경우가 많은 것이다.

국내 자기계발 서적은 그 수를 셀 수 없을 정도로 방대하다. 독자들이 가장 많이 찾는 1순위의 분야이기도 하다. 실제로 국내 대형 서점에서 출간된 책들 중 베스트셀러 순위권에는 늘 자기계발 서적이 빠지지 않고 올라온다. 일 년에 단 한 권의 책을 읽는 사람들도 분야를 보면 자기계발 서적이다. 그만큼 우리 일상에 보급이 되어 있고 손쉽게 볼 수 있다. 하지만 한 권, 두 권 읽다 보면 늘 하는 얘기가 '내용이 똑같다'고 생각을 하게 된다. 왜 그런 생각이 드는 것일까?

첫째, 당신은 '이렇게 변화하면 성공할 수 있다'라고 이야기를 한다. 성공하기 위해서 어떤 법칙이 있는 것처럼 당신은 그렇게 해야만 한다고 강조를 한다. 물론 틀린 말은 아니다. 그러나 약간은 허황된 이야기를 한 말도 있는 것은 사실이다. 현실적으로는 한 시간도 나를 위해 시간을 내기 어려운데 매일 한 시간씩 책을 읽는 것을 권장하거나 공부를 하라고 한다. 즉, 저자는 모든 사람들의 상황을 고려해서 쓴 것이 아니다. 그래서 비판적인 생각을 가지고 내용들을 받아들일 줄 알아야 한다. 책 한 권을 다 읽고 나면 마치 내가 책에 적힌 내용을 이룬 것 같은 느낌이 든다. 그러나 순식간에 들 뜬 마음은 곧 시들어버리게 된다.

내 얘기가 아닌 남의 얘기라고 생각을 하고 읽고 그냥 덮어버리기 때문이다. 아무리 책의 내용이 비슷하고 똑같아도 끊임없이 한 권, 두 권 읽어가다 보면 깨닫는 사실이 생기게 된다. 읽는 것이 중요한 것이 아니라 행동하는 것이 중요하다는 것이다. 한 권을 읽고 하나의 행동을 실천했다면 다른 책을 읽고 또 하나의 행동을 실천하면 되는 것이다. 그 책에 적힌 모든 내용대로 실천 한다면 누구나 성공하고 원하는 꿈을 이룰 것이다. 그래서 자신의 현실에 맞게 비판적으로 수용할 줄도 알아야 진정한 독자인 것이다.

둘째, 힘든 현실을 치유해 주는 내용이 많다. 《아프니까 청춘이다》,《미움 받을 용기》,《자존감 수업》,《멈추니까 비로소 보이는 것들》,《혼자 잘해주고 상처받지 마라》,《나를 위해 일한다는 것》등 책 주제만 보아도 느낌이 오지 않는가? 마음이 지친 사람들의 공통점은 사람들을 만나는 것 자체가 부담이다. 그래서 혼자 있는 시간들을 갖게 된다. 누군가에게 위로를 받고는 싶지만 혼자 있는 시간으로는 해결될 수 없기 때문에 관련된 책이나 미디어를 보게 된다. 그 책을 접한 사람들은 치유를 받게 되는 것이다. 나만 힘든 줄 알았는데, 나한테만 지금과 같은 현실이 닥친 것인 줄 알았는데, 나만 자존감이 없는 줄 알았는데 알고 봤더니 나와 같은 고민을 하는 사람들이 생각 이상으로 많다는 것에 위로를 받게 되는 것이다. 그 위로를 통해 어제와 다른 내일을 살 수 있게 되는 것이다.

셋째, 기상천외한 방법으로 생각할 수 있는 힘을 이야기한다. 실제로 대형 서점의 자기계발 분야 스테디셀러의 순위권에 있는 책들을 보면《적을 만들지 않는 대화법》,《생각의 비밀》,《심플하게 사는 법》,《인간관계론》,《지혜와 행동의 심리학》등 주로 해당 분야의 전문가들이 비 전문가들의 눈높이에 맞추어서 쉽게 풀어 쓴 책들이 많다. 집필을 한 사람들은 그것을 경험을 해 보았을 것이고 이렇게 시도를 해보니 좀 더 쉬운 방법이더라는 것을 알리고 싶었던 것이다. 무엇인가를 돌파를 해야 할 상황에 직면해 있는데 그러한 책들이 숨통을 트여준다면 당신 인생의 책이 될 수 있지 않겠는가.

이처럼 자기계발서가 똑같다고 생각하는 대표적인 생각을 살펴보았다. 아무리 많은 내용을 읽었다고 해도 절대 반복에 지치지 말아야 하다. 세종대왕이 지금까지 길이길이 빛나는 위인으로 남은 이유는 반복에 지치지 않았기 때문이다.

세종은 "서적에 대해서 눈으로 한 번 거친 것은 곧 잊지 않았다. 나는 궁궐에 있을 때 손을 거둔 채로 한가로이 앉아 있었던 적이 없었다." 그렇게 말할 정도로 책을 읽을 때는 반드시 백 번씩을 채웠다고 한다. 병이 날 정도로 독서에 열중하는 모습을 보고 그의 아버지인 태종은 방에 있는 책을 모두 치우라는 명을 내렸다. 그러나 병풍 뒤에 남아 있는 책을 찾아내어 천 번 이상을 읽었다고 한다. 그 책은 중국 송나라 때, 명문장으로 꼽혔던 구양수와 소식이 서로 주고받았던 편지글을 모아 엮은 구소수간이라는 책이었다.

– 출처: 조선왕조실록

무려 20년 20일 동안 수감생활을 하면서 저술활동을 한 신영복 선생님도 마찬가지다. 그가 수감되어 있을 때 가족들에게 보낸 편지와 단상들을 엮은 책이 바로《감옥으로부터 사색》이다. 매일 같은 공간에서 눈을 뜨고 잠을 자는 것이 얼마나 괴롭고 힘들었겠는가. 그 와중에도 쉬지 않고 독서를 하고 가족을 생각했다. 그리고 책을 저술했다. 그는 최악의 상황에서도 반복에 승리했다. 또한 '농구라고 쓰고 마이클 조던이라고 말한다'라고 할 정도로 타의 추종을 불허한 농구계의 스타 마이클 조던도 "나는 선수시절 9,000번 이상의 슛을 놓쳤다. 300번의 경기에서 졌다. 20여 번은 꼭 승리로 이끌라는 특별 임무를 부여 받고도 졌다. 나는 인생에서 실패를 거듭해 왔다. 이것이 내가 성공한 정확한 이유다."라는 말을 했다. 그들도 질리지 않았겠는가. 똑같은 행동을 하는 것이 지루하고 그만두고 싶었지 않았겠는가. 그럴수록 더욱 의지를 불태웠고 실패를 통해 교훈을 얻었다. 결국 최고의 자리, 최고의 명성을 가질 수 있게 되었다.

당신도 자만심을 내려놓고 늘 목마름을 가졌으면 한다. 그들은 끊임없이 연구하고 갈구하고 노력을 했기 때문에 세상 사람들이 알아주는 사람이 된 것이다. 당신도 자기계발 서적 몇 권을 읽었다고 해서 변화하기를 바란다면 그것은 도둑의 심보라고 할 수 있다. 책의 내용이 이해가 되지 않는다면 이해가 될 때까지 읽는 것이고 반드시 그 내용을 이해해야만 한다면 관련된 자료를 끝까지 섭렵해야 하는 것이다. 반복에 절대 지쳐서는 안 된다. 똑같은 내용도 마치 내가 책을 쓴 것처럼 읽고 또 읽어라.

그것은 당신의 브랜드 가치를 올리는 노력도 마찬가지다. '이정도면 되겠지'라는 생각을 지금 이 순간부터 버리자. 자신의 한계를 정하지 말자. 오직 나와 내 주변의 사람들에게 잘한다는 넘어 감동을 줄 정도의 실력이 될 때까지 올라가야 한다. 자만심은 단 1퍼센트도 당신에게 도움이 되지 않는다. 항상 고개를 숙일 줄 아는 겸손함을 가진다면 상대방은 그 깊이를 알지 못하기 때문에 당신이 가지고 있는 재능 이상을 바라보게 될 수도 있는 것이다. 자기계발서가 다 똑같지 라고 생각한 순간 자신의 한계는 이미 정해지게 된다. 그것은 정말 무서운 것이다. 더 이상 발전하지 못하기 때문에 그 테두리 안에서 세상을 바라보게 된다. 옳고 그름에 대한 것을 좀 더 진지하게 생각할 수 없게 될 뿐만 아니라 10년 뒤 자신의 모습을 생각했을 때 별반 차이가 나지 않게 된다.

"옥뜰에 서 있는 눈사람. 연탄조각으로 가슴에 박은 글귀가 섬뜩합니다. 나는 걷고 싶다. 있으면서도 걷지 못하는 우리들의 다리를 깨닫게 하는 그 글귀는 단단한 눈뭉치가 되어 이마를 때립니다."

– 출처: 감옥으로부터 사색

한정된 공간에서 반복된 일상을 통해 깨달음을 얻었던 신영복 선생님처럼 분명 깨닫게 되는 순간이 온다. 겸손함을 갖고 묵묵히 진짜 실력을 기르길 바란다.

고여 있는 물은 썩고
흐르는 물은 기적을 만든다

_ 변화

당신이 아무리 올바른 길에 서 있다고 해도 제자리에
가만히 있는다면 어떤 목표도 이룰 수 없다.

– 랄프 월도 에머슨(미국의 시인, 사상가)

사상 최악의 피해를 기록한 조류독감(AI)으로 매몰지 오염 문제가
제기됐다. '가축매몰지역 환경조사지침'에 따라 해당 지자체장은 매
몰지 주변 지하수 수질을 정기적으로 조사하고 결과를 환경부에 보
고해야 한다. 처음에 조사를 했을 때에는 이상이 없었다. 음용 가능
한 수치로 매몰지 주변에서 사는 사람들은 걱정을 하지 않았다. 그
러나 가축을 매몰한 곳에서 침출수가 흘러나오기 시작했다. 그 때
부터 문제는 시작되었다. 매몰지에서 흘러나오는 오염된 침출수를
점검한 결과 그야말로 생명체가 살 수 없는 죽은 물이었다. 원인은
매몰하는 방식에 있었다. 가장 먼저 매몰할 곳을 파 낸 후 비닐을 까
는 방식이다. 지하수로 스며들지 않게 하고 2차 추가 오염을 예방하

기 위함이었는데 오히려 물이 빠지지 않아서 문제가 된 것이었다.

비가 많이 오거나 눈이 녹아 땅으로 스며들었을 때 공기 중으로 수분이 날아가는 것이 아니라 고여 있는 물의 양이 많았다. 물이 계속 고여 있다 보니 점점 악취는 심해지고 결국 비닐의 손상이 생기게 되면 그 물은 그대로 주변의 땅으로 흡수되거나 흘러 내려가게 된 것이다.

이처럼 오래도록 고여 있는 물은 썩는다. 썩은 물에서는 생명체가 살 수 없다. 뿐만 아니라 음용을 했을 경우 각종 질환에 노출이 될 수 있다. 아무리 좋은 정수기로 물을 정화시킨다고 하더라도 물속에 있는 좋은 영양분들이 다시 재생되지는 않는다. 그래서 물은 계속 흘러야 한다. 끊임없이 흘러내리는 물에는 생기가 있다. 당신은 생명이 흐르는 물처럼 계속 움직여야 한다. 머물러 있으면 더 이상의 발전은 없을 뿐만 아니라 경쟁에서 밀리고 마는 것이다.

흐르는 물처럼 머물러 있지 않아서 성공한 사례를 이미 우리나라가 보여주었다. 만약 6 · 25 전쟁 이후 세계에서 가장 가난한 나라 중 하나였던 대한민국이 경제 개발을 하지 않고 머물러 있었다면 과연 지금 어떤 모습으로 살아가고 있을까. 필리핀, 태국, 미얀마 등 주요 동남아 지역보다 훨씬 국민 소득은 낮았을 것이다. 어쩌면 대한민국 이라는 나라 자체가 유지가 되지 않았을지도 모른다. 그만큼 돈도 없고 사회적 기반을 만들 기술이 없었기 때문이다. 그러나 대한민국은 지금 경제대국이 되었다. 전 세계 어디를 보아도 찾아볼 수 없는 기록이다. 지금은 다른 국가에서 벤치마킹을 하고 싶을 정도로 매력 있는 국가가 되었다. 머물러 있지 않고 계속 경제 발전을 위해 움직인 결과였다.

그것은 국가뿐만 아니라 국가의 성장 동력을 뒷받침해주는 기업들의 노력도 있었다. 기술도, 자본도 없는 국가에서 배짱 하나로 기업을 일으키게 된다. 지금의 대기업들이 바로 그 주역이다. 과정이 어찌됐건 그들이 있었기 때문에 지금의 대한민국의 모습이 된 것이다. 국가도 기업도 계속 발전을 위해 머무르지 않는 것처럼 당신도 쉬지 않고 계속 움직여야 한다. 움직이지 않으면 눕고 싶고 앉으면 일어나고 싶지 않은 것이 인간의 본성이기 때문이다. 그래서 움직일 수밖에 없는 환경으로 자신을 계속 채찍질해야 한다. 그것은 평생 자신과의 싸움이 되어야 한다. 2002년 한일 월드컵 때 대한민국 4강 신화를 이루어냈던 히딩크 감독도 "나는 여전히 배고프다"라는 명언을 남기지 않았던가. 한 분야의 최고라고 일컬어지는 국가대표 감독이 되었음에도 불구하고 계속 무언가를 갈구를 했다. 스티브 잡스도 스탠포드 대학 연설문에서 "우직하게 바보처럼 갈구하라"고 말했다. 최고가 된 사람들이 압축적으로 비슷한 맥락의 말을 했다면 경험에서 우러 나온 말이기 때문에 귀 기울여 들을 필요가 있는 것이다.

20대에는 무엇이든 도전하고 경험을 하는 시기, 30대는 경험을 숙련하는 시기, 그리고 40대가 되면 자신의 위치를 돌아보게 된다고 한다. 하지만 40대가 되어서도 머물러 있는 사람들이 있다. 그것은 직업과는 별개다. 만약 공무원이라는 직업을 가지고 있다면 더할 나위 없이 머물러 있기 좋다. 꼬박 꼬박 출근만 하면 월급은 계속 나온다. 정년까지 보장이 됐고 연금도 나오기 때문에 노후 준비도 걱정이 없다. 또한 자주 만남이 이루어지는 사람들이 공무원이기 때문에 과감한 것은 지양하게 된다. 모두가 그렇다는 것은 아니지만 굳이 모험을 하지 않아도 먹고 사는 것에 문제가 되지 않기 때문이다. 하지만 돈을 버는 것과는 별개로 나이가 들어서 퇴직 후 자신이 할 수 있는 일이 아무것도 없을 때의 상실감은 엄청나다.

건강보험심사평가원에서 조사한 결과 50대, 60대의 우울증 환자가 전체 40퍼센트에 육박할 정도로 심각하다. 아무리 연금이 나와도 집에만 있게 되면 무력감으로 인해 우울증이 오기 때문이다. 우울증은 정말 심각한 중증 중 하나이다. 옆에서 어떤 말을 해도 자신감을 잃어버렸기 때문에 들리지 않는다. 사람을 만나는 것도 두렵게 되고 살아도 사는 것이 아니라는 생각을 갖게 된다. 가족에게 피해가 되고 세상에 필요 없는 존재라고 생각을 하면서 매일 살아간다. 그만큼 아무런 대비를 하지 않게 되면 누구나 그 병이 발생할 수 있기 때문에 예방을 해야 하는 것이다. 그래서 절대 머물러 있어서는 안 된다. 움직이는 사람에게는 어제와 다른 모습이 만들어진다. 그 순간들이 모여 기적을 만들 수 있는 내일이 만들어지게 되는 것이다. 나이키, 아디다스, 코카콜라, 캐논 등 세계적으로 유명한 브랜드가 처음부터 유명하지는 않았을 것이다. 끊임없이 소비자들의 욕구에 맞추어 변화했기 때문에 지금까지 살아남고 있는 것이다. 당신도 당신만의 브랜드가 살아남기 위해 고여 있는 물이 되어서는 안 된다. 그렇다면 계속 흐르는 물처럼 당신의 브랜드가 살아남기 위해 어떤 노력을 해야 할까. 키워드는 '7가지 변화'에 있다.

첫째, 변화에 유연하자. 유연하다는 것은 '경직되다'의 반대 뜻이다. 입대를 앞 둔 사람이 입대를 해서 전혀 다른 생활을 했을 때 유연하지 못하면 앞으로의 군 생활이 힘들 수 있다. 공부를 하기 위해 다른 나라에 간 사람, 입사를 하고 다른 팀으로 옮긴 사람, 다른 업종으로 다시 시작을 하는 사람 등 변화에 유연함을 갖겠다는 생각을 해야 한다.

둘째, 변화를 사랑하자. 유연함을 넘어 이성을 사랑하듯, 자식들을 사랑하듯 변화를 사랑해야 한다. 독일의 신학자 폴 틸리히 목사는 "사랑의 첫 번째 의무는 상대방에 귀 기울이는 것"이라고 얘기를 했다. 변화에 귀 기울여야 진정한 변화를 맛볼 수 있게 될 것이다.

셋째, 변화를 일으키자. 변화에 유연할 줄 알고 변화를 사랑할 줄 안다면 이제는 일으킬 줄도 알아야 한다. 불법으로 쓰레기를 투기하는 사람이 있다면 다가가서 안 된다고 얘기를 해보자. 작은 변화가 큰 결과를 가져오게 될 것이다.

넷째, 변화에 빨리 적응하는 사람이다. 너무나도 변화가 빠른 시대이다. 전자기기 한 대를 구입하고 1년이 채 지나지 않아 또 다른 신제품이 등장한다. 기존의 통념을 뒤바꿔버릴 만한 기술로 인해 지금까지 고수해보던 직업들이 사라지기도 한다. 변화에 빨리 적응을 하겠다고 자기 스스로 다짐을 하자.

다섯째, 주변 사람들을 변화시킬 수 있는 사람이 되어야 한다. 사람은 어디에 동기부여를 받고 행동이 변화되는지 알지 못한다. 각각의 성장 환경이 다르기 때문이다. 전제가 되어야 할 것은 앞서 말했던 변화에 대해 본인 스스로가 습득을 해야 한다. 그 경험이 있어야 주변 사람들의 변화를 이끌어 나갈 수 있는 것이다.

여섯째, 변화할 수 있을 때까지 기다릴 줄 알아야 한다. 사람들은 스스로 깨닫지 못하면 변화는 불가능하다. 억지로 끼워 맞춰도 결국에는 다시 제자리로 돌아오기 때문이다. 그래서 그들에게 변화할 수 있는 방법을 제시하고 스스로 동기부여를 받고 변화할 수 있을 때까지 기다릴 줄 알아야 한다.

당신은 주변 사람들이 그 자리에 머무르지 않게 계속 심장에 펌

프질을 해주는 역할을 하면 된다. 당신부터 지치게 되면 차라리 관심을 갖지 않는 것만 못하다. 변화할 때까지 기다리고 또 기다리자. 결국 변화를 통해 물질적인 것으로 보상 받을 수 없는 가치를 보상 받게 될 것이다.

마지막으로 시장 환경의 변화를 감지할 수 있어야 한다. 너무나도 복잡한 세상이다. 그리고 매일 새로운 것들이 쏟아진다. 예측 불허한 시대에 변화를 감지하지 못하면 지금까지 했던 노력들이 물거품이 될 수 있다. 알버트 아인슈타인도 "인생은 자전거를 타는 것과 같다. 균형을 잡으려면 움직여야 한다"고 했다.

고여 있는 물은 썩고 흐르는 물은 기적을 만든다. 고여 있는 물이 될 것인지, 흐르는 물이 될 것인지는 당신의 선택에 달려있다. 당신 스스로가 기적이 되기를 진심으로 응원한다.

성찰 없는 바쁜 삶은
죽음을 위한 질주이다

_성찰

지혜로운 자도 천 번 생각에 반드시 잃는 것이 있고,
어리석은 자도 천 번 생각에 반드시 얻는 것이 있다.

– 사마천(중국의 역사가)

"현대인들은 바쁘게 사는 것을 미덕처럼 여기지만 바쁘면 바쁠수록 그리움이 고일 시간이 없습니다. 무엇 때문에 바쁘게 삽니까."

지금은 고인이 되신 법정 스님의 말씀이다. 직장을 다니는 아버지가 자녀들과 놀아주는 시간이 하루 평균 1시간도 채 되지 않는다는 연구 결과가 있다. 아침 일찍 출근을 해서 정상 퇴근을 하면 좋겠지만 대한민국 기업 문화의 특성상 상사들이 먼저 퇴근하기 전에는 눈치가 보인다. 요즘은 그나마 기업 문화가 좋아져서 정시 퇴근이 가능한 회사들이 늘어나고 있지만 아직도 야근을 밥 먹듯이 하는 기업이 수두룩하다. 한국 사회가 너무 빨리 성장을 했기 때문에 아직도 성장통을 겪고 있는 것이다. 너무 바쁜 세상이다. 퇴근하고 집에 오면 지쳐서 아무 생각이 없다. 당신은 성찰할 시간이 하루에 몇 분이나 되는가. 하루 반성을 통해 좀 더 나은 내일을 만들어가는 과정을 가져야 하는데 성찰이라는 단어가 무색하게 하는 법 자체를 잊어버리고 있다.

성찰이란 무엇인가. 내 안의 나와 대화하는 것이다. 나와 대화를 한다는 것은 무엇인가. 하늘을 우러러 부끄럼 없이 사소한 것까지 전부 대화하는 것이다. 진실을 말하면서 나와 내 주변을 생각하게 되고 앞으로의 방향성을 알게 된다. 정답이 없는 질문을 통해 끊임없이 대화를 해보자. 스스로가 깊어진다는 걸 느끼게 된다. 그것은 엄청난 자신감으로 연결이 된다. 자신감이 생기면 직장생활에 활력이 될 뿐만 아니라 삶 자체가 충만해진다. 자신감이라는 것은 전 인류가 질문을 하더라도 모든 질문에 대답을 할 수 있는 것을 의미한다. 두려움이 사라지기 때문에 곧 어느 누구와 대화를 하더라도 당당하고 힘차게 얘기를 할 수 있게 되는 것이다. 그 힘이 바로 당신의 브랜드의 힘이고 빛인 것이다.

소크라테스는 "반성하지 않은 삶은 살 가치가 없다"고 까지 얘기를 했다. 고대 그리스의 철학자이면서 공자, 예수, 석가와 함께 세계 4대 성인으로 추앙받고 있는 그도 성찰의 중요성을 얘기하고 싶었을 것이다. 성찰 없는 삶은 빈껍데기에 불과하고 아무 영양가 없는 음식과 같은 것이라는 걸 알고 있었기 때문이다. 인간은 성장을 하면서 수많은 경험을 겪는다. 경험은 환경과 연결이 되어 있다. 예를 들어 내가 아마존 밀림에 살았다면 문물을 접할 수 있는 기회가 극히 적기 때문에 굳이 많은 성찰은 필요가 없을지도 모른다. 그 부족의 규율, 통제에 의해 일평생 살아가면 그만이기 때문이다. 그러나 당신은 대한민국이라는 세계 12위의 경제력을 자랑하는 곳에서 태어났다. 특히 일자리 전쟁을 해야 하는 시대, 부모보다 어려운 시대에 태어난 당신은 퍼스널 브랜드가 필수이다. 그렇기 때문에 반드시 성찰 해야 하는 것이다. '독서' 편에서 독서를 하는 방법에 대해 일본 제1의 지식인 다치바나 다카시의 독서법을 소개했다. 성찰을 하기 위한 전제조건 중 하나가 바로 독서이기 때문이다. 머리에 앎이 많아야 복합적인 생각과 깊은 성찰을 할 수가 있다. 좀 더 효율적이고 구체적인 성찰하는 방법은 다음과 같다.

첫째, 중용의 도를 지켜야 한다. 중용은 원래 사서오경에 속하는 경전 중 하나로 사람이 세상을 살아가는 데 있어서 지녀야 할 자세와 태도를 제시하고 있다. 여기서 얘기하는 중용의 도는 어느 한 쪽으로 치우침 없이 공정함을 가지고 생각을 해야 함을 의미한다. 팔라스테인과 이스라엘의 분쟁을 예로 들어 보자. 누가 맞고 누가 틀리다의 문제를 얘기하기 위해 정치적인 관계, 종교적인 문제 등 다각도로 그들의 분쟁을 볼 수 있어야 한다. 만약 나는 이스라엘이라는 나라가 유대인의 나라이고 예수의 민족이라고 해서 단지 좋다는 이유로 편을 든다면 공정함은 이내 사라자게 된다. 왜 분쟁을 하고 있는지, 무엇이 원인이고 이 문제를 해결하기 위해 어떤 힘이 필요한지, 나는 이 문제에 사소한 힘이 될 수는 없는지, 어떤 사람들이 두 나라를 움직이고 있는 것인지 등 중용의 자세로 끊임없이 성찰할 줄 알아야 한다는 것을 의미한다.

성찰을 할 때 절대 한 쪽의 입장에서만 생각을 하면 안 된다. 오늘 상사와 갈등이 있었다면 갈등의 원인은 무엇인지, 상사의 성격이 근본적으로 문제가 있어서 그런 것인지, 나한테 문제가 있는 것인지 등을 생각해 보는 것이다. 친구와의 갈등이 있다면 지금까지 갈등이 없던 친구와 갈등이 생긴 건지, 똑같은 이유로 계속 갈등이 일어나는 건지 등을 생각을 해야 한다. 하나의 생각으로 성찰을 할 수는 없다. 그래서 다양한 생각으로 접근하여 성찰을 해야 하는데 절대 잊어버리지 말아야 할 것은 바로 중용의 도이다.

둘째, 걱정과 생산적인 생각을 구분할 수 있어야 한다. 어니제이 젤린스키는 "우리가 하는 걱정거리의 40퍼센트는 절대 일어나지 않을 사건들에 대한 것이고 30퍼센트는 이미 일어난 사건들, 22퍼센트는 사소한 사건들, 4퍼센트는 우리가 바꿀 수 없는 사건들에 대한 것들이다. 나머지 4퍼센트만이 우리가 대처할 수 있는 진짜 사건이다. 즉 96퍼센트의 걱정거리가 쓸데없는 것이다."라고 얘기를 했다. 일어나지도 않는 일에 대한 두려움, 앞으로 먹고 살 걱정에 대한 생각, 고백해보지도 않고 고백하다 거절을 당하면 어떡하지 하는 걱정 등에 해당한다.

앤드루 매터스는《마음가는 대로 해라》에서 이렇게 말한다.

> "새벽에 일어나서 운동도 하고 공부를 하고 사람들을 사귀면서 최대한으로 노력하고 있는데도 인생에서 좋은 일은 전혀 일어나지 않는다고 말하는 사람을 나는 여태껏 본 적이 없다."

걱정을 하는 대신에 걱정을 하지 않아도 되는 사람으로 변하면 그만이다. 당신은 걱정을 할 시간에 생산적인 생각을 해야 한다. 교육을 하는 사람이라면 "어떻게 교육생들에게 좀 더 이해하기 쉽고 다양한 내용을 가르치지?"에 대한 것, 영업을 하는 사람이라면 "일주일에 20명 만나기 목표를 세웠으니 하루에 세 명씩 만나는 거야. 세 명을 만나기 위해 전화부터 해야 할까, 문자부터 남겨야 하나. 눈으로 보지 않고 만나는 것은 만나는 것이 아니니 직접 발로 찾아가자. 설사 거절당할지라도. 그리고 계약은 10분 이내로 성사를 시켜보자"등 구체적인 생각을 해야 할 것이다. 어디서 무엇을 하느냐에 따라 생산적인 생각을 하는 방법은 다르다. 그 방법을 끊임없이 생각하고 몰두하는 사람, 일단 해보고 나서 무엇이 잘못되었고 잘 했던 점은 무엇인지를 생각하는 사람은 분명 탁월한 존재가 될 것이다.

셋째, 읽고 또 읽어라. 자동차가 없던 시대에는 한평생 그 마을에서 태어나 죽었다. 만나는 사람들은 늘 정해져 있었고 출세를 하지 않은 이상 집안의 가업을 물려받아서 일을 해야만 했었다. 그럼에도 불구하고 역사 속의 수많은 현인들을 현대인들이 따라가지 못하고 있다. 사회는 더 발전했고 더 편리해졌는데도 말이다. 그들은 책 한 권을 백 번, 천 번을 읽고 외워버린다. 책 한권을 선정해서 통째로 외우라고 하면 외울 수 있겠는가? 전화번호를 몇 개나 외우고 있는가? 우리는 너무 많은 정보가 쏟아지고 편리한 세상을 살고 있다 보니 마치 내가 알고 있는 것처럼 생각을 하는 것이다. 치명적인 오류이다. 내가 알고 있는 지식, 내가 생각하는 것이 아님에도 계속 수용하고 인정하고 있다. 그러다보니 비판적인 생각은 줄어들게 되면서 매일 하나의 기계처럼 살아가는 것이다. 절대 수동적인 상태로 살아가는 안 된다. 책을 읽고 신문을 보고 잡지를 통해 통찰력을 길러야 한다. 그래야 최고의 성찰을 할 수 있게 되는 것이다. 조선시대 최고 실학자 정약용은 유배지에서 아들에게 보낸 편지를 통해 이렇게 얘기하고 있다.

"이 편지가 번화가에 떨어져 나의 원수가 펴보더라도 내가 죄를 얻지 않을 것인가를 생각하면서 써야 하고, 또 이 편지가 수백 년 동안 전해져서 안목 있는 많은 사람들의 눈에 띄더라도 조롱받지 않을 만한 편지인가를 생각해야 한다."

성찰 없는 바쁜 삶은 죽음을 위한 질주이다. 살아도 살아가는 것이 아니다. 빈껍데기로 생을 마감을 할 것인가. 아니면 웅장한 오케스트라 협주곡이 흐르는 삶을 살아갈 것인가. 아무리 바쁘더라도 나를 돌아볼 수 있는 시간을 반드시 갖기 바란다. 천 년이 지나도 사라지지 않는 최고의 무기는 바로 성찰의 힘이라는 것을 기억하자.

작은 일도 무시하지 않고
최선을 다해야 한다

_정성

큰 일이건 작은 일이건 네가 하는 일을 정성껏 해라.

– 안창호(한국의 독립운동가)

조선 21대 왕 영조의 손자이자 비운의 죽음을 맞이했던 사도세자의 아들, 바로 조선 22대왕 '이산 정조'이다. 조선 후기의 르네상스를 만들었을 정도로 큰 업적을 남긴 왕, 그를 주제로 만든 영화인 '역린'에서 중용 23장의 대사가 나온다.

"작은 일도 무시하지 않고 최선을 다해야 한다. 작은 일에도 최선을 다하면 정성스럽게 된다. 정성스럽게 되면 겉에 배어 나오고, 겉에 배어 나오면 겉으로 드러나고, 겉으로 드러나면 이내 밝아지고, 밝아지면 남을 감동시키고, 남을 감동시키면 이내 변하게 되고, 변하면 생육된다. 그러니 오직 세상에서 지극히 정성을 다

하는 사람만이 나와 세상을 변하게 할 수 있을 것이다."

내가 가장 좋아하는 말이다. 세상을 변화시킬 수 있는 힘은 모든 정성을 다 쏟았을 때 가능하다. 소크라테스도 죽기 전에 제자들에게 "재물을 모으는 일에만 충실하지 말고 그것을 물려받을 아이들에게 좀 더 많은 정성을 쏟아라. 이것이 내 인생을 통해 얻은 가장 귀한 교훈이다"라고 했다.

인류의 위대한 철학자도 한평생 살면서 깨달은 것이 바로 정성을 쏟는다는 사실이다. 정성을 쏟는다는 것은 무엇일까. 최선을 다함은 당연하고 사랑이라는 감정이 이입됨을 의미한다. 다시 말해서 관심에 그치는 것이 아니라 관심을 넘어 자신에게 감동을 받을 수 있어야 하는 것이다. 지극정성이라는 말이 있다. '더 할 수 없이 극진한 정성'을 뜻하는데 이는 수험생의 자녀를 둔 부모님을 모습을 떠올리면 된다. 다른 어떤 것보다도 자식들을 위해 희생하는 것, 그것이 지극정성이다.

당신은 무엇인가 시도를 하면서 그런 정성을 들여 본 적 있는가? 진짜 모든 것을 쏟아 붓게 되면 설사 실패를 해도 후회가 없다. 자신에게 감동을 받을 정도로 행동을 했기 때문이다. 운이라는 것도 지속이 되려면 그런 정성이 전제가 되었을 때만 가능한 것이다. 그렇게 정성을 다 했을 때 수많은 기적들은 현실이 된다. 작은 일을 무시하지 않고 최선을 다 했을 때 최상의 결과로 보답을 받게 된다.

1912년 한국의 울산에서 귀신고래를 연구를 했을 정도로 장소를 불문하고 세계를 돌아다녔던 남자가 있었다. 영화 '인디애나 존스'의 에피소드에 영감을 주었던 탐험가이자 고고학자인 로이 채프먼 앤드루스 박사이다. 그는 대학을 졸업하고 박물관에 임시직으로 일을 하게 되었다. 그리고 매일 남보다 일찍 출근해서 박물관의 바닥을 닦았다. 그는 바닥을 닦으며 항상 행복한 표정을 지었다. 그 모습을 유심히 지켜보던 사람이 물었다.

"대학교육까지 받은 사람이 바닥청소를 하는 것이 부끄럽지 않은가?" 그러자 그가 웃으면서 대답했다.

"이곳은 그냥 바닥이 아니에요. 박물관이잖아요."

그는 성실성을 인정받아 박물관의 정직원으로 채용됐다. 작은 일에도 온 정성을 다한 결과였다. 그리고 오래전부터 하고 싶은 일들을 시작했다. 알래스카 등을 찾아다니며 고래와 포유동물에 대한 연구에 몰입했다. 몇 년 후 그는 세계에서 가장 권위 있는 고고학자가 되었고, 나중에는 미국 뉴욕에 있는 자연사 박물관 관장까지 맡게 되었다. 인류를 위해 업적을 남기고 명성을 남기는 사람들은 어떤 비결이 있는 것이 아니다. 단지 그 순간에 모든 정성을 쏟았을 뿐이었다.

세계적인 자기계발 연구가 카네기도 '성공에는 아무 비결도 없다. 어떤 때라도 최선을 다하여라. 다른 사람보다 조금만 더 성실히 노력하면 반드시 좋은 결과가 오게 된다.'고 얘기 했다.

또한 세계적인 추리소설인 셜록 홈즈의 작가 코난 도일도 '작고 보잘 것 없는 것을 가장 중요하고 성실하게 다루어라. 일은 어렵고 큰 것보다 사소한 것에서 그르치는 경우가 더 많다.'라고 했다.

작은 것에 귀 기울이게 될 때 주변의 이익을 주는 일도 생겨나게 된다. 일본의 한 전자회사 '일본 전기'의 일화이다. 그 공장은 근로 자들이 열심히 일을 하는 데도 제품의 불량률이 다른 공장보다 월 등히 많았다. 그 원인을 알 수 없어 모두가 고심을 하던 차에 이 회 사의 여성 근로자가 출근길에 열차 건널목에서 대기하다가 지나는 열차의 진동으로 자신의 손발이 떨리는 것을 느끼고 회사 측에 이 야기를 해서 공장과 철로 사이의 공터에 물을 가득 채워 인공 호수 를 만들었다. 그 결과 이 공장의 제품 수준은 엄청나게 개선되었다.
조그만 소녀지만, 자기가 만드는 제품에 대한 무한한 애착이 자 기가 다닌 회사를 크게 발전시키고 이 회사 제품을 사용하는 사람 들에게 편리함을 안겨 준 것이다.
파나소닉을 세운 마쓰시타 고노스케가 "어떤 디테일도 놓치지 말 라"라고 얘기한 것처럼 여성 근로자의 세심한 관심이 없었다면 여 전히 불량률이 높은 공장으로 원인을 알지 못했을 것이다.

작은 일을 무시하게 된다면 일생일대의 기회를 놓치기도 한다. 미국 25대 대통령을 지낸 조 윌리엄 매킨리 대통령이 의원이었을 때의 이야기이다. 한번은 퇴근시간에 전차를 탔다. 할머니 한 분이 무거운 보따리를 들고 올라왔으나 아무도 자리를 내주지 않았다. 할 수 없이 할머니는 그 짐을 전차 제일 뒷자리까지 끌고 가 복도에 서 있었는데 전차가 흔들려서 제대로 서 있을 수가 없었다. 그러나 아무도 자리를 내주지 않았다. 그 할머니가 서 있던 자리 앞에 한 사람이 앉아 있었는데 할머니를 보고는 일어나는 대신 읽고 있던 신문을 얼굴에 더 바짝 대고 못 본 척했다. 매킨리는 일어나서 그 할머니에게 자리를 양보했다. 후에 매킨리가 대통령이 되었을 때 마침 대사 후보 명단이 올라왔는데 검토해보니 옛날 전차 안에서 신문으로 자기 얼굴을 가린 그 사람이 들어있었다. 그때 전차 안에서 매킨리가 자기의 무례함을 보고 있었다는 사실을 그는 알지 못했다. 그가 젊었을 때 행한 예의 없는 작은 행동 때문에 그는 일생일대의 기회를 놓치고 말았다.

이는 비즈니스 세계에서도 마찬가지다. 아무리 사소해 보이는 것이라도 중요하지 않는 것이 없다. 어느 백만장자가 미국의 한 은행에서 수표를 현금으로 교환했다. 수표 교환을 마치고 은행 문을 나갔던 이 백만장자가 다시 들어오더니 은행 출납직원에게 웃으며 말했다. "주차증에 도장을 찍는 걸 깜박 잊었군요." 출납직원이 말했다. "죄송합니다만 수표 교환은 계좌거래가 아니기 때문에 무료주차가 불가능합니다. 주차비 75센트를 부담하셔야겠습니다."

그러자 백만장자가 이야기했다.

"알겠소. 참, 그런데 미안하지만 내 계좌에 있는 150만 달러를 모두 인출해주시겠소? 맞은편에 있는 은행에 가서 새로 계좌를 만들어야겠군요."

은행은 출납직원이 내뱉은 경솔한 말 한 마디가 은행의 큰 고객을 잃고 만 셈이다. 언제나 살얼음판을 걷듯이 신중에 신중을 기해야 한다. 노자는 "큰 나라를 다스리는 것은 작은 물고기를 요리하듯 해야 한다"고 말했다. 불의 세기를 놓쳐버리면 다 타버려서 물고기를 먹지 못하는 것처럼 사소한 문제도 무시를 해서는 안 되는 것이다.

지금까지 작은 일도 무시하지 않고 최선을 다 했을 때의 경우와 작은 일을 무시했을 때 일어날 수 있는 경우들을 보았다. 당신은 살면서 정성스럽게 했던 행동들이 있는가? 정성스럽게 했다면 그 결과는 어떠하였는가? 만약 단 한 번도 정성에 대해 생각을 해 보지 않았다면 지금부터 시작을 하면 된다. '보기 좋은 떡이 맛도 좋다.'라는 말이 있듯이 모든 행동에 정성을 다해 보자. 디테일한 부분이 부족하다면 부족한대로 정성을 다 하면 된다. 행동하면서 습관으로 만드는 것이 중요한 것이다. 그러면 일생일대의 기회를 만났을 때 당신은 분명 선택받게 될 것이다.

요행은 순간을
모면할 뿐이다

_정직

인지생야직 망지생야 행이면(人之生也直 罔之生也 幸而免)
인생은 정직한 것이다.
속이고도 살아 있는 것은 요행히 모면하고 있을 뿐이다.

– 논어 옹야(雍也)편

불행히도 '정직하면 오히려 손해'라는 느낌을 주는 사회가 되어
버렸다. 실제로 대기업의 총수 혹은 임원들과 일반인이 똑같은 범죄
를 저질렀어도 받는 형량 자체가 다르다. '경제를 살려야 한다', '범
죄를 저질렀지만 경제 발전에 이바지 했던 것이 크다'는 명분으로
법이 우스워지는 상황도 발생한다.

대한민국이 과연 법치국가가 맞는지 할 정도로 '돈 있는 사람들
을 위한 세상'인 듯하다. 가난한 사람들은 가난할 수밖에 없는 사회
구조로 인해 서민들의 삶은 더욱 팍팍하다. 그래서 무엇보다 어떤
것을 선택할 때 기준이 가치가 아니라 돈이 되었다. 과연 정직이라
는 것이 지금 필요한 덕목인가에 대한 의구심이 들 정도이다. 그러

나 '요행히 모면하고 있을 뿐이다'의 논어의 한 구절처럼 거짓은 물거품처럼 사라질 위험이 항상 존재한다. 그렇기 때문에 동양과 서양의 고전에서는 정직의 덕목을 늘 강조했다.

유대인의 경전인 탈무드에서도 정직에 대한 일화를 찾아볼 수 있다. 한 어머니가 어느 날 상점에서 외투 한 벌을 샀다. 집에 돌아와서 다시 한 번 입어보며 주머니에 손을 넣었는데, 놀랍게도 거기에 커다란 보석이 들어 있는 것이었다. 순간 어머니는 마음속으로 생각했다.

'보석이 누구의 것인지는 몰라도 내가 산 외투 주머니에 들어있으니 보석도 내 것이 아닌가? 아니야. 그래도 외투를 산거지 보석을 산 건 아니니 빨리 돌려주는 게 맞겠지?'

양면의 생각이 서로 싸우기 시작했다. 어머니는 지혜로운 현자를 찾아가서 묻기로 했다.

"어떻게 하면 좋겠습니까?"

현자가 어머니에게 말했다.

"당신이 산 것은 외투이지 보석이 아니지 않습니까? 다만 상점에 가서 돌려줄 때는 꼭 자녀를 데리고 가십시오. 그리하면 보석 내놓는 것은 아쉬울지 몰라도 그보다 몇 배 귀중한 것을 당신의 자녀에게 주게 될 것입니다."

돈 보다도 정직에 기준을 둔다면 당장은 아쉬울 수 있다. 그러나 시간이 지나면 그 행동이 올바르다는 것을 알게 될 것이다. 정직함이라는 가치는 시간이 지남에 따라 더욱 큰 선물로 돌아오게 될 것이기 때문이다. 정직은 행복을 위한 행동이다. 태어날 때부터 악한 사람은 없다. 그래서 모든 인간의 본래 마음에는 정직함이 존재한다. 원래 가지고 있었기 때문에 그것을 위배했을 경우 불안감은 밀려오고 끝이 좋지 않게 되는 것이다. 그래서 당신이 성공하기 위해서 정직은 필수이다. 물질이 주는 풍요가 아니라 마음이 주는 풍요가 있는 것이 성공의 첫 번째 비결이기 때문이다. 돈이 많고 적고의 문제가 아닌 것이다. 물질적인 것보다는 정직이라는 가치에 무게중심을 둔다면 부끄러움이 없는 삶을 살기 때문에 자존감은 이루 말할 수 없이 높아지게 되는 것이다. 영국 속담에 이런 말이 있다.

"하루만 행복하려면 이발소에 가라. 일주일만 행복하려면 차를 사라. 한 달을 행복하려면 결혼을 해라. 일 년을 행복하려면 집을 사라. 평생 행복 하고 싶다면 정직하게 살아라."

당신이 정직함을 잃지 않는다면 행복은 자연스럽게 찾아오게 될 것이다.

정직을 대변할 수 있는 위대한 인물이 있다. 바로 미국에서 가장 존경받는 대통령인 아브라함 링컨이다. 그는 "정직과 지식은 나의 보배요 재산이다."라고 할 정도로 정직을 통해 미국 국민이 가장 존경하는 대통령으로 인정받게 된다. 정직에 관련한 링컨의 일화는 셀 수 없이 많다. 삶 자체가 정직이었기 때문이다. 그 중에서도 미국 국민들이 왜 존경할 수밖에 없는지 다음 일화를 통해 알아보고자 한다.

1833년, 스물다섯 살 때 링컨은 우체국 근무를 한 적이 있었다. 작은 마을의 우체국이라 집배원과 우체국장의 역할을 겸했다. 세월이 흘러 링컨이 스프링필드에서 변호사로 활동하던 때였다. 그때 뉴살렘에서 우체국을 다시 개설하는 문제로 과거의 재정 관계를 확인하는 과정에서 17달러의 돈이 빈다는 사실을 발견했다. 이 말을 전해들은 링컨은 우체국으로 달려가 예전에 그만둘 때 정리해 놓았던 빛바랜 서류함을 꺼내 보였다. 그곳에는 놀랍게도 그가 우체국에서 근무할 당시의 서류들과 주인을 찾지 못해서 전해 주지 못했던 물건들, 그리고 17달러의 돈이 고스란히 남아 있었다.

"나는 그 동안 내 물건이 아닌 것에는 절대 손을 대지 않았습니다. 사실 나는 언젠가는 이곳에서 다시 우체국이 개설될 것을 믿었지요. 그래서 그 당시 사용했던 중요한 문서들과 물건들을 잘 정리해서 넣어 두었습니다."

옆에서 이를 지켜보던 사람들은 링컨이 공금 사용에 빈틈이 없는 그의 정직함을 보고 다시 한 번 모두 놀라게 되었다.

– 출처 : 백악관을 기도실로 바꾼 링컨

링컨의 정직한 행동으로 인해 논란이 될 뻔 했던 문제들을 부드럽게 해결할 수 있게 되었다. 링컨이 의원으로 출마할 때의 일화도 유명하다.

링컨이 스물여섯 살이던 1834년은 그가 일리노이 주 의회 의원으로 출마하던 해였다. 당 선거본부에서는 그에게 2백 달러의 선거 자금을 지원해 주었다. 1834년 당시 링컨에게 2백 달러는 엄청나게 큰돈이었지만 선거를 치르기에는 턱없이 부족한 액수였다. 대부분의 정치가들은 정해진 선거 비용 이외에도 선거에 당선되기 위해 추가로 많은 돈을 사용했고, 이것은 마치 관행처럼 여겨졌었다. 마침내 주 의회 선거는 끝이 나고, 링컨이 주 의회 의원으로 당선되었다. 그러자 링컨은 그가 받았던 2백 달러의 선거 지원 자금 중에서 75센트를 뺀 199달러 25센트를 당 선거본부로 되돌려 보냈다. 돈과 함께 봉투 속에는 다음과 같은 편지가 들어 있었다.

"선거 연설회장을 위해 사용한 비용은 제가 지불했습니다. 그리고 여러 곳의 유세장을 돌아다니는데 드는 교통비는 제 말을 탔기 때문에 전혀 들지 않았습니다. 다만 나와 함께 선거 운동을 하는 사람들 가운데 나이 드신 분들이 목마르다고 해서 음료수를 사서 나누어 드렸습니다. 음료수를 사 드린 비용으로 75센트가 들었습니다. 영수증을 여기에 동봉합니다."

링컨의 '75센트의 명세서'는 많은 사람을 놀라게 했다. 당 본부의 사람들은 선거 자금을 되돌려 보낸 사람이 그 동안 한 사람도 없었기 때문에 놀라움을 금치 못했고, 주민들도 링컨이 돈 한 푼 사용하지 않고 선거에 당선되었다는 사실에 모두 깜짝 놀랐다. 그 후 링컨의 '75센트의 명세서'는 그를 정직한 청백리 정치인의 대명사로 만들었고, 세월이 흐를수록 더 큰 지지와 존경을 얻게 했다.

- 출처 : 백악관을 기도실로 바꾼 링컨

수천 년이 흘러도 지금까지 사람들에게 영향을 주는 '논어'에서도, 인류 역사상 최고의 경전 중 하나라고 일컬어지는 탈무드에서도 정직은 존재했다. 또한 정직했을 때 어떤 결과를 가져오는지 링컨의 삶을 통해 증명했다. 아무도 보고 있지 않아도 하늘에서 누군가 바라보고 있다는 생각을 해라. 언제, 어디에서도 정직을 우선순위에 두고 생각하고 행동해라. 긴 세월동안 수많은 영웅들이 증명했다. 부정직함이 주는 유혹들을 견디며 끝내 정직함으로 승리한 수많은 현자들처럼 당신도 정직 앞에 흔들리지 않아야 한다.

"사람은 혼자 있을 때 정직하다. 혼자 있을 때는 자기를 속이지 못

한다. 그러나 남을 대할 때는 그를 속이려고 한다. 하지만 좀 더 깊이 생각하면, 그것은 남을 속이는 것이 아니고 자기 자신을 속인다는 것을 알아야 한다."라고 에머슨은 얘기했다.

다른 사람은 속여도 절대 자기 자신은 속여서는 안 된다는 뜻이다. 책 한 권을 읽는다고 해서 정직이 자라나는 것은 아니다. 그러나 다른 사람들의 경험과 삶을 통해 옳은 행동이라는 것을 아는 것이 중요하다.

'오늘 하루 거짓된 말과 행동이 있었는가?'

매일 가슴 속에 질문을 해보자. 정직을 통해 행복감과 자존감의 가치를 올리게 될 것이다. 지금까지 정직을 멀리 했다면 이제부터라도 정직에 우선순위를 두자. 마음의 여유를 통해 더 높이 올라갈 준비를 할 수 있게 될 것이다.

길이 끝난 곳에 길이 있고
세상 밖에 세상이 있다

_ 한계

남이 한 번에 능숙해지면 나는 백번을 하고,
남이 열 번에 능숙해지면 나는 천 번을 하면 된다.

– 중용(중국의 경전)

"성공은 또 다른 새로운 시작이며, 도전은 끝이 없습니다. 도전
하는 자만이 성취하고 위대한 성공은 위대한 실패에서 나온다는
사실을 뼈저리게 느꼈습니다."

서른여덟 번의 도전, 열여덟 번의 실패. 마침내 히말라야 16좌 등
정에 성공한 사나이, 엄홍길 대장의 업적이다. 1985년, 그가 에베레
스트에 첫 도전을 시작했던 해이다. 충분히 연습을 했고 당시 젊었
기 때문에 실패를 할 거라는 생각은 안했다. 그러나 너무 큰 실패로
인해 다시는 산행을 하지 않겠다고 다짐을 했다.

그것도 잠시, 그는 다시 한 번 도전을 했다. 그리고 마침내 세계에서 처음으로 히말라야 16좌 등정이라는 기록을 세우게 된다. 수없이 죽을 고비를 넘기며 자신과의 싸움에서 승리한 것이다. 말이 히말라야 16좌 등정이지 일반인은 히말라야 산 중 하나를 오르는 것도 불가능에 가깝다. 히말라야에 오르려면 기초체력을 길러야 하고 낮은 산을 정복하면서 끊임없이 연습이 바탕이 되어야 한다. 그리고 수없이 많은 변수에 대처할 수 있는 기술을 연마해야 하고 함께 가는 대원들과 호흡도 맞추어야 한다. 그야말로 인간의 한계를 넘는 도전인 것이다. 준비되지 않으면 목숨이 위험하기 때문이다. 도전을 하는 도중 열 명 이상의 동료도 잃었다고 한다. 산이 험악해서 위험하기 때문에 시체를 찾는 것도 불가능하다.

실제로 두 번째 에베레스트를 정복할 때의 일이다. 함께 등정했던 셰르파(네팔 동부에 살고 있는 티베트의 한 종족. 산을 잘 타서 히말라야 등산에서 짐을 나르며 안내하는 인부로서 유명함)가 추락사를 하고 말았다. 그는 고작 3개월밖에 안 된 신혼이었고 홀어머니를 모시면서 살던 사람이었다고 한다. 그의 죽음도 슬픈데 시체조차도 찾을 수 없으니 얼마나 대성통곡을 했겠는가. 그런 일들이 하나 둘 씩 생겨나면 죽은 동료를 위해서라도 반드시 산을 정복하고야 말겠다는 다짐을 했다고 한다.

엄홍길 대장은 "저는 덤으로 사는 인생이라고 생각합니다. 엄홍길의 존재 근거는 동료들의 희생이 있었기에 가능했고, 앞으로의 삶은 이들을 위해 최선을 다하고 바칠 것입니다."라고 했다.

동료들의 희생은 그가 한계를 돌파할 수 있는 원동력을 제공해 주었다. 인간이 한계를 돌파하는 데 있어서 가장 중요한 것은 '무조건 된다'는 긍정적인 마음가짐이다. 무슨 일이 있어도 된다는 생각부터 시작을 하게 되면 안 될 일도 되고 부족한 것도 채워지게 되는 것이다.

엄홍길 대장도 다음과 같이 이야기했다.

"저 고지에 올라갈 수 있을까?라는 회의적인 생각을 하는 순간, 그 원정은 실패할 확률이 높습니다. 무슨 일을 할 때 부정적 사고를 가지면 안 됩니다. '분명히 성공할 수 있다'는 각오를 다져도 될까 말까한 게 세상일입니다. 확실한 긍정적인 사고를 가지면 무슨 일이든지 분명 성공할 수 있을 것입니다."

한계라는 것은 스스로 정해놓은 틀이자 생각이다. 부정적인 사람들은 뭘 해도 안 된다는 생각 때문에 두렵고 작아지게 되는 것이다. 당신이 성공하고 유명해지고 싶다면 '성공하고 유명해질 수 있을까?'라는 생각 자체를 과감히 접어야 한다. '성공하고 유명해지기 위해 오늘부터 이미지 관리를 해야겠다'는 생각으로 세상에 덤벼들어야 한다. 또한 엄홍길 대장은 현재 자신이 살아있는 것 자체가 기적이라고 얘기를 한다.

"도전의 산(에베레스트)에서 하산해서 인생의 산에 새롭게 도전하겠다. 8,000미터 이상의 산을 오르면서 숱한 생사 갈림길에서 생을 포기하고 싶었으나 여러분들의 격려 덕분에 지금 기적의 삶, 덤의 삶을 살며 이 자리에 섰습니다."

죽음이 주는 교훈은 경험을 해 본 사람만이 알 수 있다. 현재의 삶을 덤으로 산다고 생각을 한다면 마음가짐 자체가 달라진다. 오늘 하루가 기적이고 선물이기 때문에 매일 한계를 돌파할 수 있는 것이다.

한계를 돌파하는 흥미로운 인물이 또 있다. 영국의 스티브 잡스라고 불리는 버진 그룹의 회장 리처드 브랜슨 이라는 사람이다. 그는 30년간 기업 경영을 통해 200여개의 계열사를 가진 인물이다.

그는 "평생 얼마나 벌었느냐로 기억되는 사람은 없다. 은행계좌에 10억 달러를 넣어둔 채 죽든, 베개 밑에 20달러를 남기고 죽든, 그런 것은 별로 중요하지 않다. 중요한 것은 뭔가 특별한 것을 창조했는지, 다른 사람의 인생에 진정한 변화를 일으켰는지 여부다." 라고 했다. 늘 혁신적인 아이디어로 자신만의 독특한 세계를 형성하고 있다.

기업의 경영뿐만 아니라 여러 가지 실험을 하기로도 유명했다. 초고속 보트를 타고 최단시간 대서양 횡단 기록에 도전했고, 열기구를 타고 세계 일주를 시도하기도 했다. 또한 소형 잠수함을 타고 오대양 심해 탐험을 하기도 했으며 우주관광업체도 세웠다. 그에게 한계라는 단어는 단어에 불과한 것이다. 버진(Virgin)이라는 기업을 홍보할 때에도 기상천외한 방법을 사용한다. 그는 언론사와 인터뷰에서 "회사를 운영하면서 내가 얼마나 다양한 복장을 착용해봤는지 다 헤아리기 힘들다"고 말할 정도다.

한 번은 미국 맨해튼 타임스퀘어에서 휴대폰으로 장식한 팬티를 입고 "버진 모바일의 미국 이동통신 서비스는 말 그대로 감출 게 아무것도 없다"고 소리쳤다. 그룹의 회장이라는 분이, 그것도 기상천외한 방법으로 홍보를 하니 버진의 기업 가치는 매일 한계를 돌파할 수밖에 없는 것이다.

마지막으로 노력의 한계란 없다는 것을 몸소 보여준 위인이 있다. '천재는 1퍼센트의 영감과 99퍼센트의 노력이다'라는 명언으로 유명한 발명왕 에디슨. 그는 생애 1,093개의 발명품을 남겼으며 기록한 아이디어도 3,400권이나 된다고 한다. 우리가 현재 사용하고 있는 전구를 완성하기 위해 9,999번 실패를 했다고 한다.

에디슨의 친구가 "에디슨, 실패를 1만 번 되풀이할 작정인가"라고 물었다. 그러자 에디슨은 "그동안 전구를 발명하지 못했던 법을 9,999번 발견했을 뿐이야"라고 이야기한다. 위대한 업적 뒤에는 한계를 끊임없이 돌파할 수 있었던 노력이 뒷받침 되었던 것이다.

당신은 한 번이라도 한계를 뛰어 넘으려고 노력해 본 적이 있는가. 한계를 돌파한다는 것은 남들이 흉내 낼 수 없을 정도가 되어야 한다. 스스로 정해놓은 틀을 벗어나 전혀 다른 무언가와 맞닥뜨려야 한다. 한 번 한계를 넘어본 사람은 계속 넘을 수 있는 힘을 갖게 된다. 엄홍길 대장처럼, 리처드 브랜슨 회장처럼, 그리고 에디슨처럼 말이다. 설사 한계를 돌파하지 못했다고 해서 포기를 해서는 안 된다. 한계를 넘기 위해 시도한 것 자체가 하나의 기록이자 흔적이기 때문이다. 세상 모든 것은 사람이 만들어 가고, 사람에 의해 작동한다. 신은 두려워 할지라도 세상은 사람들이 만들어 놓은 틀이다. 절대 두려움을 갖지 말자.

한계라는 것은 두려움이 생기기 때문에 일어나는 것이다. 마음을 어디에 두느냐에 따라 할 수 있고 없고의 차이가 생긴다. 시합을 겨루기 위해 링 위에 올라가는 선수들은 얼마나 두려움이 크겠는가. 자칫 잘못하다가 생명에 지장을 줄 수도 있고 한 대를 치더라도 몇 대를 맞을지도 모른다.

두려움을 극복했기 때문에 자신의 한계를 넘어서 시합을 할 수 있게 되는 것이다. 링 위에 올라서 세상과 맞서 싸울 것인가, 아니면 링에 올라가지도 못하고 기권을 할 것인가. 인생은 한 번 뿐이라고 해서 한 번의 성공만 바라고 시작을 해서는 안 된다. 오히려 한 번도 실패를 해보지 않으면 실패했을 때 대처할 수 없게 된다. 실패를 하더라도 끊임없이 한계를 돌파하기 위해 오늘부터 시작을 해보자. 만약 독서를 하기로 마음을 먹었다면 아에 휴대폰 전원을 끄고 읽자. 운동을 하기로 마음을 먹었다면 오늘 하루 운동량을 채울 때까지 운동에 방해가 되는 것들을 잠시 내려놓자. 영어를 정복하기로 마음먹었다면 영어가 들릴 때까지 똑같은 문장을 100번이고 1,000번이고 들어보자.

그렇게 당신의 시도하는 과정 속에 한계를 돌파하게 되는 것이다. 길이 끝난 곳에 다시 길이 있고, 세상 밖에 또 다른 세상이 있다. 당신도 세상 밖의 세상을 경험을 하길 바란다. 세상 밖을 경험해 본 사람만이 자신 있게 이야기를 할 수 있는 것이다. 당신의 이야기 한 페이지를 '한계 돌파'라는 주제로 정해 보아라. 그 무엇보다도 당신만의 강력한 메시지가 될 것이다.

'나는 열심히 하고 있어'라는
생각마저 잊어라

_몰입

전력을 다해서 시간에 대항하라.

– 레프 톨스토이(러시아의 소설가, 사상가)

아무도 만나지 않고 오로지 자신의 방에서 그림을 그리는 예술가가 있다. 연필로 스케치를 하고 무슨 색상을 써야 할지 고민을 한다. 계속 아이디어가 떠올라 다시 수정하기를 반복한다. 집중을 하며 인상을 쓰는 얼굴은 어느 새 행복한 미소로 바뀐다. 마치 천국을 걷는 얼굴 표정이다. 서서히 작품에 윤곽이 드러나기 시작한다. 어느 덧 1년이라는 시간이 지나자 작품을 완성할 수 있었다. 예술가의 얼굴에는 세상을 다 가진 것 같았다. 만약 그 예술가에게 누군가 강제로 시켜서 작업을 했다면 과연 1년이라는 시간을 작품을 완성시키는데 몰입할 수 있었을까? 비단 미술을 하는 화가뿐만 아니라 음악을 만드는 작곡가, 글을 쓰는 작가, 바둑을 두는 기사, 문명의 발전에 기여하는 과학자, 종교계에서 영향력을 주는 성직자, 기업을 이끌어 나가는 사업가도 마찬가지다. 하나의 결과물이 나올 때까지 새로운 것을 창조하는데 완전히 빠져든다. 배가 고프다는 것도 잊고 피곤함도 잊어버린다.

카페에 있는지 집에 있는지 사무실에 있는지 공간에 대한 생각, 주변에 누가 있는지 조차 잊어버린다. 시간 관념도 사라지고 자기 자신도 잊어버린다. 오직 지금 내가 만들어가고자 하는 일만 생각한다. 완벽한 무아지경의 상태인 것이다. 이는 남들이 생각했을 때 정상적인 범위에 속하지 않을 수도 있다. 그러나 비정상적인 행동을 해본 사람만이 세상을 바꾸는 것이고 발자취를 남기는 것이다. 또한 그들은 한 번 해본 경험을 토대로 좀 더 어려운 경험과 다양한 시도를 하려고 한다. 굉장히 저돌적으로 말이다. 이걸로 먹고 살 수 있을까 조차 생각하지 않는다. 자신에게 의미 있고 가치가 있기 때문에 몰입을 할 수 있는 것이다. 그리고 결국 내공과 실력이 쌓여서 부와 명예가 따르게 된다.

성공의 길로 가기 위해 무아지경에 이르는 상태, 즉 몰입하는 능력은 필수요건이다. 훌륭한 과학자나 예술가들만 가능하다고 생각하는가? 몰입은 누구든지 할 수 있다. 지금 가진 것이 아무것도 없고 비전이 보이지 않는다면 몰입이라는 것에 관심을 갖도록 해보자.

우리의 지적 재능은 후천적이라고 뇌 과학자들은 얘기한다. 지금이라도 내 의지만 있다면 무엇이든지 만들 어 갈 수 있다는 것이다. 우리의 뇌에는 시냅스(synopse : 신경세포와 신경세포 사이의 접촉점으로 신경세포의 자극 전달부)라는 것이 있다.

뇌 과학자들 말에 의하면 정말 단순히 기본적인 프로그램으로 되어 있다고 한다. 그리고 우리가 살아가면서 경험을 통해 나머지는 채워가게 된다. 예를 들어 중국에서 태어나면 중국어를 잘 할 것이고, 한국에서 태어나면 한국어를 잘 하는 것이다. 어떤 환경에서 어떤 경험을 했는지에 따라 뇌의 인지가 달라진다는 것이다.

'나는 평생 부자로 행복하게 살 것이다'라고 자꾸 요구하면 뇌는 부자로 살기위해, 행복하게 살기 위한 방법을 자꾸 생각해낸다. 요네아마 기미히로가 쓴 《청개구리 두뇌습관》이라는 책에서도 '머리는 쓰면 쓸수록 좋아 진다'라는 것을 증명했다. 우리 뇌는 그렇게 되어 있는 것이다. 또한 쥐 실험을 통해 역사적인 발견을 하게 된 토마스 울시 박사는 이렇게 이야기 했다.

"생후 2~3일 후 수염을 제거한 쥐의 뇌세포 변화를 봤어요. 깜깜한 쥐구멍을 쥐가 부딪치지 않고 다니는데 그게 수염이 있어서 그래요. 수염이 눈 역할을 합니다. 이 수염에 해당하는 것이 뇌세포입니다. 이 수염을 옆으로 제거를 했어요. 며칠이 지나니까 그 뇌세포가 싹 죽었어요. 굉장히 중요한 사실입니다. 수염이 제거가 되니까 신호가 안 가는 거지요. 그러면 그 뇌세포들은 일을 안 하는 겁니다. 일은 안 하지만 에너지는 계속 소비하고 있어요. 그런 세포가 많아지면 우리는 생존을 못하겠죠? 일을 안 하고 에너지만 쓰니까 죽게 되니까요. 그런데 조금 더 시간이 지나니 제거된 수염 옆에 있는 수염을 더 쓰게 됩니다. 그리고 그 수염들의 뇌세포가 커지기 시작을 합니다. 즉, 우리 뇌는 많이 쓰면 발달이 되는 거예요. 영양을 더 줘서 시냅스를 더 만들어서 뇌세포를 발달을 시키는 거예요. 그 얘기는 우리가 공부를 안 하고 노력을 안 하면 뇌가 빨리 나빠지는 것이고, 반대로 머리를 쓰면 쓸수록 좋아진다는 것을 알 수 있는 것이지요."

다시 말해서 머리는 안 쓰면 나빠지고 쓰면 쓸수록 똑똑해진다는 것을 알 수 있는 실험이었다. 몰입도 머리를 쓰는 것 중 하나의 방법이다. 자꾸 몰입하는 연습을 하면 극도의 몰입 상태를 경험할 수 있게 될 것이다. 그렇다면 당신이 '몰입'을 위해 할 수 있는 방법이 무엇이 있을까.

첫째, 정말 잘 놀 줄 알아야 한다. 독일 고전주의 극작가 시인 실러는 "인간은 놀이를 즐기고 있을 때만 완전한 인간이다"라고 했다.

걱정과 근심을 내려놓고 완벽히 놀 줄 알아야 한다. 온전히 나를 내려놓을 때, 정말 잘 놀 줄 알게 된다. 예컨대 노래를 잘 하지 못하더라도 노래방에 가서 노래를 불러보자. 요즘은 동전 노래방이 흔하기 때문에 혼자 가면 더욱 좋다. 있는 힘껏 악을 지르고 노래를 해라. 그 시간동안 만큼은 온전히 나만의 세상이다. 정말 시원하게 소리를 지르고 나면 엔돌핀이라는 물질이 몸에서 생성이 된다. 호르몬인 엔돌핀은 암을 치료하고 통증을 해소하는 기능이 있다고 알려져 있다. 그런데 노래를 하다가 극도의 몰입의 상태가 되어 자신에게 심취를 하게 되면 엔돌핀보다 4,000배의 효과를 지닌 다이돌핀이라는 물질이 생성된다. 다이돌핀은 놀다가 성취감을 갖게 되거나 행복감이 극대화가 되었을 때 생성되는 호르몬으로 잘 알려져 있다.

몰입을 하는 경험을 해 봐야 몰입이 무엇인지 알 수 있다. 이는 동네 PC방에 가도 몰입하고 있는 사람들을 쉽게 찾아 볼 수 있다. 몇 시간 씩 앉아 있어도 힘든 내색 없이 모니터만 쳐다보는 사람을 본 적이 있는가. 지구상에서 가장 몰입도가 높은 장면 중 하나를 당신은 목격하는 중일 것이다. 옆에서 말을 걸어도 들리지 않는다. 몰입은 이렇게 하는 것이다. 영화관에서도 쉽게 만날 수 있다. 멜로 영화를 보고 마지막 10분을 남겨두고 오열하는 사람, 애니메이션을 보면서 지금까지 내 인생에서 가장 훌륭한 영화 한 편을 봤다고 5분 동안 꼼짝없이 여운을 즐기는 사람, 반전 있는 영화를 보면서 마지막 반전을 보고 깨달음을 얻은 표정으로 말문이 막힌 사람도 몰입했을 때 나오는 행동이다.

'노는 만큼 성공한다'의 저자 김정운 교수는 "사람을 뽑을 때 잘 노는 사람, 문화적 소양을 가지고 잘 노는 사람을 뽑으면 거의 실수하지 않기 때문에 사람을 뽑을 때 항상 즐겁게 노는 사람을 선택 한다"라고 했다. 잘 놀 줄 알게 되면 몰입하는 연습을 할 뿐만 아니라 선택받는 사람이 될 것이다.

둘째, 이기는 습관을 들이면 몰입은 쉽게 가능하게 한다. 연말이 되면 가장 많이 팔리는 것 중 하나가 새해 다이어리이다. 다양한 종류와 디자인으로 사람들의 마음을 사로잡는다. 가장 마음에 드는 것을 구매한 후 카페로 발걸음을 향한다. 커피 한 잔을 시켜놓고 내년에는 올해보다 좀 더 나은 삶을 위해 새로운 마음가짐을 한 글자 한 글자 적어본다. 한 달에 한 권 책을 읽기, 다이어트 하기, 유럽여행 가기, 유명인사 강연 듣기, 이성 친구 만들기 등 계속 적는다. 어느새 빼곡히 적힌 다이어리를 보면서 흐뭇하게 웃는다. 그리고 마지막 한 모금을 다 마시며 '다 이룰 것이다'라고 마음속으로 외치며 카페 문을 열고 나간다. 누구나 한 번 쯤 이런 경험이 있을 것이다. 누군가는 목표 달성을 할 것이고 의지가 약한 사람은 똑같은 실수를 되풀이 할 것이다. 전자가 바로 이기는 습관을 가지고 있는 사람이다.

이기는 습관을 갖는 사람은 시간을 활용할 줄 안다. 그리고 꾸준하다. 자기관리에 철저한 사람이기 때문에 어떤 일을 시켜도 걱정을 덜하게 된다. 그래서 이기는 습관을 갖고 있는 사람은 몰입에 성공할 확률이 높을 수밖에 없는 것이다. '시간이 지나면 다 해결되겠지'라는 생각은 버려라. 매일 전쟁에서 승리하는 사람이 되어야 한다. 사소한 것도 좋다. 매일 부모님께 안부인사 하기, 매일 아침에 거울을 보고 '나는 할 수 있다'라고 얘기하기, 일주일에 한 번 씩 집 정리하기 등 자신만의 전투적인 목표를 세워라. 성취감들이 쌓이다 보면 어느새 목표에 백전백승하는 사람이 되어 있을 것이다.

셋째, 충분히 자고 규칙적으로 운동해야 한다. 뇌가 깨어 있어야 몰입도 가능하다. 물론 현대인들은 잦은 야근과 회식 때문에 수면 시간이 부족한 건 사실이다. 분명한 건 잠을 잘 때 우리 몸은 회복이 된다. 잠은 낮에 생활했던 모든 것을 복습하는 역할도 한다. 또한 신경전달물질 호르몬이 우리 몸의 균형을 맞추는 역할까지 한다. 다시 말해서 잠을 줄이는 것은 어리석은 생각이라는 것이다. 깨어있는 시간 동안에 정말 집중을 해야 한다. '오늘 이거 안하면 죽겠다'고 자신을 세뇌시켜라. '오늘 목표를 이루지 못하면 죽는다'라는 생각이 뇌에 전달되고 뇌는 긴장감을 조성하는 호르몬을 작용시킨다. 긴장감은 사람을 느슨하게 만들지 않고 계속 무언가를 생각하게 만든다. 충분한 수면과 함께 운동해라. 헬스장을 가서 힘들게 근력운동을 하라는 소리가 아니다. 왜 하버드나 옥스퍼드를 비롯한 세계적으로 권위 있는 대학생들은 운동을 한 가지라도 잘 하는 것일까? 몸을 움직이는 것이 뇌 회전을 빠르게 하는 것을 알기 때문이다. 무아지경의 상태를 경험하길 바란다. 그것을 통해 당신의 브랜드를 만들어가는 길에 강력한 힘이 될 수 있기를 바란다.

공자와 예수는 가난했지만
영원히 기억되는 존재이다

_독서와 사색

좋은 책을 읽는다는 것은 과거의 가장 훌륭한 사람들과 대화하는 것이다.

– 르네 데카르트(프랑스의 수학자, 철학자)

당신은 한 해 몇 권 정도의 책을 읽는가. 지금 읽고 있는 책을 포함하여 1년에 열 권정도 읽는다면 대한민국 성인들이 읽는 평균 독서량 보다 많다. 국민독서실태 조사에서 보면 1년 동안 성인들이 책을 읽는 권수는 평균 9.1권 하루 평균 23분 독서를 한다고 한다. 테블릿 PC, 미디어 영상 컨텐츠의 발전, 새로운 놀이 문화의 등장으로 인해 책을 기피하는 현상은 갈수록 심해지고 있다. 그럼에도 불구하고 각 분야에서 성공한 사람들의 공통점을 보면 절대 손에서 책을 놓지 않았다. 엄청난 양의 독서를 통해 남다른 통찰력을 가지고 남들이 올라가지 못한 자리에 올라가기도 하고, 큰 기업을 창업을 해서 이끌어 나가기도 했다.

글로벌 투자은행으로 도약을 하고 있는 대한민국 최고 금융사 미래에셋 박현주 회장은 지금의 자신을 만든 건 8할이 독서라고 얘기를 한다.

"초등학교 시절에는 위인전기를 모조리 읽었고, 청소년기에는 군주론, 헨리키신저 자서전, 카네기 자서전 등을 읽었습니다. 대학시절 읽은 제3의 물결은 내게 큰 영향을 미쳤습니다."

삼성전자 부사장, 삼성 SDI 사장 등 요직을 거쳐 현재 농심 대표이사로 있는 손욱 회장도 "약점을 보완하는 것도 중요하지만 사람이 가진 강점을 더 강하게 하는 것이 지식 기반 경쟁시대의 생존 지혜"라고 했다.

지식 경영을 하는데 독서를 선택이 아니라 필수였던 것이다. '지도 밖으로 행군하라'로 베스트셀러 작가 반열에 오르게 된 한비야 씨도 많은 독서를 통해 자신의 행로를 결정했다고 한다.

"이 세상에 완벽한 지도란 없다. 중요한 것은 나의 목적지가 어디인지 늘 잊지 않는 것이다." 독서는 삶의 기로에 서 있을 때 현명한 선택을 할 수 있도록 이끌어 준다. 세상의 이치를 깨달음으로서 기업의 큰 그림을 그려 나갈 수도 있고 사람들과의 관계에서도 승리를 할 수 있는 습관이었던 것이다.

독서의 이치를 일찍부터 알았던 오마하의 현인 워렌 버핏도 "읽고 읽고 또 읽어라"는 말을 남겼다. 하얼빈 역에서 이토 히로부미를 총으로 사살하였던 안중근 의사도 "하루라도 책을 읽지 않으면 입안에 가시가 생긴다."라고 했을 정도로 독서를 강조하였다. 정상에 올라가 보았거나 역사에 이름을 남겼던 사람들은 소리모아 독서가 중요하다는 사실을 이야기한다. 그래서 당신의 브랜드의 수명을 늘리고 오래도록 유지하기 위해서는 책을 읽는 것에 좀 더 관심을 두어야 한다.

미국 문학자 헨리 데이비드는 "한 권의 책을 읽음으로서 자신의 삶에서 새 시대를 본 사람이 너무나 많다."라고 주장하였다. 즉, 독서를 하지 않으면 눈을 뜨고 있어도 세상을 제대로 보고 살아가고 있다고 하기 어렵다. 책을 읽음으로써 생각하는 힘을 기르고, 큰 틀에서 전체를 볼 수 있을 때 진정으로 눈을 뜨고 나와 세상을 볼 수 있다고 할 수 있다.

그렇다면 독서를 하기 위해 어떻게 접근을 하는 것이 좋을까. 부담 없이 본인이 관심 있고 좋아하는 책부터 들고 시작을 하면 된다. 관심 분야가 뭔지 모르겠으면 당장 동네에 있는 서점으로 뛰어가라. 그리고 여기 저기 아무 책이나 일단 펼쳐봐라. 그게 그림만 있는 잡지든, 전문 잡지든, 시든, 만화든 어떤 주제에 상관없이 펼쳐봐라. 펼치다 보면 어느 순간 관심 있는 책 분야를 발견하게 될 것이다. 아직 못 찾았는가? 아직 확신이 없는가? 다시 이 같은 행동을 반복하면 된다. 그렇게 부담 없이 가볍게 시작해보자. 가장 근본적인 변화는 책을 읽는 습관이고, 아무리 바쁜 일이 있더라도 손에 책을 놓지 않게 되었을 때 당신은 나도 놀랄 정도로 엄청난 내공을 가진 사람으로 재탄생하게 될 것이다.

21세기에는 현실과 가상의 경계가 점점 사라지고 사람의 일을 기계가 대부분을 할 수 있게 되는 4차 산업시대가 온다. 다시 말해 지금까지 학교에서 배운 지식이 10년 후에 쓸 수 있는 지식보다 쓸 모 없는 지식이 더 많아질 수 있다. 그래서 독서를 통해 사색하지 않으면 지금 시대에는 살아남기 어렵다. 이 시대는 그 누구와 대화해도 그 수준이 전혀 뒤떨어지지 않고 자신만의 소신 발언을 할 수 있는 차별화 된 사람을 요구한다. 그리고 자신의 생각이 주변 사람들의 변화, 기업의 변화, 더 나아가서는 국가의 변화의 미미한 영향력이라도 줄 수 있어야 한다. 독서를 통해서 내공을 쌓는다는 일은 쉽지는 않다. 한 순간에 이루어지는 일은 아니기 때문이다. 하지만 반대로 생각하면 요즘처럼 인스턴트 지식들이 판을 치는 세상에 차별성을 갖는 최고의 방법이기도 하다.

나도 책을 읽다가 중간도 읽지 못하고 포기하기를 수차례 반복했다. 하지만 정상에 올랐을 때의 모습을 상상하면서 읽고 또 읽었다. 세상에서 인정받는 사람이 되기 위해, 다른 사람들과는 차별화 된 삶을 살기 위해, 진정으로 가치 있는 삶을 살기 위해 많은 노력을 했다. 그 결과 나이에 비해 많은 독서량을 자랑할 수 있게 되었고 성공하는 사람들처럼 성장을 하고 있게 되었다. 내가 가장 영감을 받은 독서법을 소개하고자 한다. 바로 다치바나 다카시라는 일본 작가의 방법이다. 다치바나 다카시는 독서론과 독서술, 독서법, 논픽션 명저들로 세계적으로 유명한 작가이자, 저널리스트이다. 세상의 이치를 조망할 수 있는 역량이 필요하고 이것은 체계적인 지성의 단련과 교양교육을 통해 가능하다고 주장하는 일본의 대표적인 지성이다. 그의 독서법은 다음과 같다.

첫째, 책을 사는 데 돈을 아끼지 말라. 책이 많이 비싸졌다고 하지만 기본적으로 책값은 싼 편이다. 책 한 권에 들어 있는 정보를 다른 방법을 통해 입수하려고 한다면 그 몇 십 배, 몇 백 배의 대가를 지불해야 된다.

둘째, 하나의 테마에 대해 책 한 권으로 다 알려고 하지 말고, 반드시 비슷한 관련서를 몇 권이든 찾아 읽어라. 관련서들을 읽고 나야 비로소 그 책의 장점을 확실하게 알 수 있다. 또한 이 과정을 통해 그 테마와 관련된 탄탄한 밑그림을 그릴 수 있을 것이다.

셋째, 책 선택에 대한 실패를 두려워하지 말라. 실패 없이는 선택 능력을 익힐 수 없다. 선택의 실패도 선택 능력을 키우기 위한 수업료로 생각한다면 결코 비싼 것이 아니다.

넷째, 자신의 수준에 맞지 않는 책은 무리해서 읽지 말라. 수준이 너무 낮은 책이든, 너무 높은 책이든 그것을 읽는 것은 시간 낭비이다. 시간은 금이라고 생각하고 아무리 비싸게 주고 산 책이라도 읽다가 중단하는 것이 좋다.

다섯째, 읽다가 중단하기로 결심한 책이라도 일단 마지막 쪽까지 한 장 한 장 넘겨보라. 의외의 발견을 하게 될지도 모른다.

여섯째, 속독법을 몸에 익혀라. 가능한 짧은 시간 안에 가능한 한 많은 자료를 섭렵하기 위해서는 속독법 밖에 없다.

일곱째, 남의 의견이나 북 가이드 같은 것에 현혹되지 말라. 최근 북 가이드가 유행하고 있는데, 대부분 그 내용이 너무 부실하다.

여덟째, 책을 읽을 때는 끊임없이 의심하라. 활자로 된 것은 모두 그럴듯하게 보이는 경우가 많지만, 좋은 평가를 받은 책이라도 거짓이나 엉터리가 얼마든지 있을 수 있다.

아홉째, 번역서는 오역이나 나쁜 번역이 생각 이상으로 많다. 번역서를 읽다가 이해가 잘 되지 않는 부분이 있으면 머리가 나쁘다고 자책하지 말고 우선 오역이 아닌지 의심해 보라.

열 번째, 대학에서 얻은 지식은 대단한 것이 아니다. 사회인이 되어서 축적한 지식의 양과 질, 특히 20~30대의 지식은 앞으로의 인생을 살아가는 데 결정적인 역할을 하는 중요한 것이다. 젊은 시절에 다른 것은 몰라도 책 읽을 시간만은 꼭 만들어라.

- 출처 : 최고의 독서가 다치바나 다카시의 독서법

'공자님께서 말씀하시기를' '예수께서 가라사대'처럼 지금도 울림 있는 말을 전하고 있는 역사 속의 그들은 죽는 날까지 가난했다. 하지만 독서와 사색만큼은 당대 최고로 평가를 받았었다. 그렇기 때문에 수많은 추종자들이 그들을 따랐고 수천 년이 지난 지금까지도 그들의 혼과 정신은 많은 사람들에게 영감을 주고 있는 것이다. 사람들 기억 속에 잠깐 기억되고 말 것인지, 죽어서도 영원히 기억될 것인지는 얼마만큼, 어떻게 독서와 사색을 하느냐에 따라 결국 차이가 나게 될 것이다.

오늘부터 책 한 권을 펼쳐보고 한 문장이라고 읽는 습관을 가져보자. 작은 움직임이 커다란 결과를 가져오게 될 것이다.

기업이 사람의 마음을 얻으면 대기업이 되고
정치인이 사람의 마음을 얻으면 대통령이 된다

_공감

하늘이 알고 땅이 알고 그대가 알고 내가 안다.

– 양진(중국의 정치가)

"더 큰 성장을 위해 창업당시의 초심을 잃지 않고 도전을 멈추지 않겠습니다."

2002년 2월, 인천 송도에서 작은 벤처기업으로 시작을 해서 순이익만 1조원을 바라보고 있는 글로벌 기업으로 도약한 셀트리온. 생명공학분야에서 대한민국 신화로 불리고 있는 기업이다. 창업주인 서정진 회장은 당시 불혹을 넘긴 나이였다. 젊은 사람들도 과감하게 도전하는 것이 쉽지 않은데 나이 사십이 넘어서 도전을 감행한 것이다. 지금은 나노, 바이오, 생명공학, 인공지능 등 4차 산업 물결로 인해 중요성이 부각되었다. 수많은 스타트업 회사들과 논문

들, 그리고 국가사업으로 연계되고 있지만 서정진 창업주가 창업을 했을 당시, 바이오 의약품이라는 개념이 한국에서는 생소했다. 그는 오직 큰 비전 하나만 바라보고 시작했던 것이다. 창업 후 15년이 지난 지금, 이 회사는 바이오시밀러 분야 세계 1위의 회사로 성장하게 된다.

 불모지 대한민국에서 선진국 기업들을 제치고 최고가 될 수 있었던 비결은 무엇이었을까. 서정진 회장은 한 언론사와의 인터뷰에서 "지적 수준이 높고 지고 못 사는 근성을 가진 젊은이들이 한국에 많았기 때문에 가능했다. 회사가 한국에 있지 않았다면 해낼 수 없었을 일"이라고 얘기를 했다. 그는 한국의 젊은 청년들을 믿었고 그 믿음이 지금의 결실을 만들게 되었다. 실제로 셀트리온에 입사한 직원들의 퇴사율 및 이직률은 동종업계 중 가장 낮다. 또한 개인의 이익보다는 회사의 성장을 위해 걱정하는 직원들이 많다. 사람의 마음을 얻음으로서 기업은 승승장구를 하게 된 것이다. 신약 개발을 통해 성장하고 있는 셀트리온은 이제부터 시작이라고 한다. 영세한 작은 기업에서 글로벌 기업으로 도약을 하게 된 이 회사는 수많은 기업들의 롤모델이 되고 있다.

 각종 선거가 다가오면 정치인들은 분주해진다. 개개인마다 공약을 내 건다.

"일자리를 창출하겠습니다.", "대한민국의 복지국가를 위해 최고의 정책으로 보답 하겠습니다", "사람답게 살 수 있는 주거환경을 조성하겠습니다.", "부동산 시장을 잡고 지역 분배를 통해 새로운 역사를 만들겠습니다", "노동자들의 근무환경을 개선하겠습니다."

모두 하나같이 솔깃한 공약들이다. 마치 지역 사회를 발전시킬 수 있는 사람은 바로 자신뿐이라고 얘기를 하는 것 같다. 하지만 문제는 당선이 되고 나서부터이다. 당선이 되는 순간 자신의 입으로 이야기를 했던 공약을 제대로 이행한 정치인이 몇이나 될까. 물론 공약을 지키기 위해 임기동안 최선을 다하는 정치인도 있다. 하지만 자신의 출세를 위해, 개인의 이익을 위해 정치를 하는 사람으로 국민들에게 인식이 되었다는 것은 비단 정치인 한 명의 이야기는 아니라고 본다.

지금은 정치인들이 정치를 하는 모습을 이제는 국민들이 생각으로만 가지고 있지는 않다. 과거와는 다르게 자신의 생각을 실시간으로 온라인을 통해 전할 수 있는 시대이다. 잘못된 정치에 대해서는 과감하게 비판의 글을 올릴 수도 있고 동영상을 찍어서 SNS를 통해 널리 알릴 수도 있다. 반대로 정치를 하는 정치인들도 마찬가지다. 자신이 원하는 나라, 원하는 사회의 모습을 책이나 SNS를 통해 이야기를 할 수 있다. 심지어는 온라인을 통해 즉석해서 질문을 받고 답변을 받는 즉문즉답을 했던 정치인도 있다. 정치인들은 세상에서 가장 무서운 것이 민심임을 너무 잘 알고 있기 때문이다. 한편, 실시간이라는 소통은 장점이 될 수도 있지만 단점이 될 수도 있다. A 정치인은 말 한 마디 실수를 하여 지지율이 급 하락하게 된 경우도 있었다. B 정치인은 자식의 잘못된 행동으로 인해 악성 댓글로 살인에 가까운 공격을 받게 되어 자리에서 내려오는 경우도 있었다. 즉, 공인이라는 자리는 말 한마디, 행동 하나, 자신을 둘러싸고 있는 모든 것들에 공감을 갖추고 있어야 한다.

춘추전국시대의 장자는 "진정한 공감이란 자신의 존재 전체로 듣는 것"이라고 했다. 이는 역사에서도 찾아볼 수가 있다.

조선시대에서 가장 성군으로 인정받는 세종대왕과 집현전 학자 이야기는 너무나도 유명하다. 어느 늦은 밤, 세종은 내관을 시켜 숙직하는 학사가 무엇을 하는지 엿보고 오도록 했다. 그날 밤 숙직을 맡은 이는 신숙주였는데, 그는 어려서부터 총명했으며 어른이 되어서도 오직 학문에만 전념한 인물이었다. 역시나 그날도 신숙주는 밤이 이슥토록 글을 읽고 이었다. 이에 내관이 세종에게 보고했다.

"전하, 신이 서너 번이나 가보았는데, 글 읽기를 계속하고 있사옵니다."

"다시 가서 살펴봐라" 이미 첫닭이 운 이후였다. 내시가 다시 집현전으로 달려갔다. 그제야 신숙주는 촛불을 끄고 잠자리에 들었다. 내관의 보고를 받은 세종은 집현전으로 직접 나가, 자신이 입고 있던 옷을 벗어 신숙주를 덮어주었다. 아침에 일어난 신숙주가 이 사실을 알고 임금에게 큰절을 올렸다. 이 소문을 들은 집현전 하사와 선비들은 서로 질세라 더욱 학문에 힘쓰게 됐다.

- 참조 : 조선왕조실록

임금이 집현전이라는 당시 최고 학문 기관을 통해 무엇을 원하는지 그 학자는 몸소 행동했다. 학자 또한 임금이 무엇을 원하는지를 알면서 서로 공감대라는 것이 형성이 되었고 학자로서의 존재감을 임금에게 여실히 보여준 것이다. 공감은 사람의 마음을 사로잡는 능력이라고 얘기를 했다. 영역을 좀 더 확장을 한다면 우리가 현재 쓰고 있는 모든 사물에도 해당이 될 수 있다. 예를 들어, 당신이 현재 쓰고 있는 휴대폰을 관찰을 해 보자. 손에 들었을 때 쥐어지는 느낌, 화면을 보았을 때 색감에 이상이 없고 화질에 문제가 없는 것, 어떤 기능이든 원하는 대로 할 수 있다. 그것은 기계와 사람이 공감을 했기 때문이다. 공감되지 않는 기계는 철저히 경쟁 속에 묻혀 잊혀 지기 마련이다.

새로운 아이템을 창조를 할 때도, 1인 기업을 이끌어나가거나 회사를 다닐 때도, 공감력은 정말 중요하다. 당신이 정말 제대로 된 공감력을 기르기 위해 전제가 반드시 되어야 할 것이 있다. 바로 틀리다와 다르다를 구분하는 것이다.

'틀리다'는 사전적인 정의로 셈이나 사실 따위가 그르게 되거나 어긋나다, 바라거나 하려는 일이 순조롭게 되지 못하다로 정의 된다. '다르다'는 비교가 되는 두 대상이 서로 같지 아니하다, 보통의 것보다 두드러진 데가 있다로 정의 된다. 틀리다와 다르다는 분명 명확한 차이가 있다. 사전적인 의미가 다른 것처럼 사람과 사물을 바라볼 때에도 틀리게 바라보는 선입견이 아니라 다르게 볼 수 있는 지혜의 눈을 가져야 한다는 것이다.

예를 들어 캐롤라인 애덤스 밀러와 마이클 프리슈가 지은《어떻게 인생 목표를 이룰까?》라는 책에서는 다음과 같이 얘기를 한다.

① 인생의 목표가 정말 중요하다.
② 최고의 인생 목표 수립은 이렇게 한다.
③ 실행하고 만들어 나가자. 그리고 승리하자.

이 내용은 세계적인 석학들이 모여 있는 와튼 스쿨의 베스트 인생 만들기 프로그램이라는 주제로 공신력이 있는 저명한 학자 두 명이 얘기를 했다. '아 저렇게 하는 것이 최고의 인생 목표 설정하는 방법 이구나'라는 공감을 얻게 된다. 하지만 일반인이 인생 목표에 대해 똑같은 이야기를 했다면 사람들은 어떤 반응을 보이게 될까. 일반적인 생각은 그 사람은 유명하지 않기 때문에 '아무것도 아닌 것이 목표를 운운 한다'라며 아니꼽게 생각하거나 심지어 부정적으로 생각을 할 수도 있다.

하지만 한 번 더 생각을 해 본다면 틀린 것이 아니다. 그 사람의 방법이 다르다는 것을 인정을 해 주고 이해하려고 노력을 해야 한다. 그것이 바로 공감력이다. 일반인이 제시한 인생 목표를 이루는 방법도 맞는 말일 수 있다. 틀린 것이 아니라 다른 것이다. 틀리다는 선입견을 가지고 세상을 바라보게 된다면 절대 공감을 할 수 없다.

연암 박지원도 "자네들의 눈과 귀를 그대로 믿지 말게, 눈에 얼핏 보이고 귀에 언뜻 들린다고 해서 모두 사물의 본 모습은 아니라네"라고 얘기를 했다. 세상을 다른 시각으로 바라보고 인정하자.

가수 버스커 버스커가 불렀던 '여수 밤바다'라는 노래가 나오기 전까지 여수는 그저 전라남도 밑에 있는 도시에 불과했다. 그러나 여수 밤바다 노래의 탄생으로 여수의 관광객이 증가함은 물론이고 하나의 문화를 이룩하게 되었다. 너무 힘든 현실을 벗어나고 싶은 욕구, 어딘가로 떠나고 싶은 욕구를 정확히 간파하고 노래를 만든 것이다. 힘들고 괴로울 때 사람들은 바다, 산, 강 등 지금의 치열한 경쟁이 존재하는 도시 빌딩 숲을 떠나 자연을 보고 싶어 한다. 특히 밤바다는 낮에 바라보는 것과 또 다른 감수성을 자극하기 때문에 정확히 사람들의 공감을 얻게 된 것이다.

공감력을 가지고 있는지 없는지에 따라 성공과 실패가 달려있다. 춘추전국시대의 성인 공자도 "공감 능력 없는 지도자는 존재해서는 안 된다"고 얘기를 했듯 당신이 성공을 하기 위해 반드시 필요한 덕목이다. 당신이 일반인에서 벗어나고 유명인을 넘어 세상 모든 사람들에게 존경을 받으려면 반드시 공감할 수 있는 능력을 갖길 바란다.

역사상 가장 연설을 잘했던
오바마의 말솜씨

_화술

말을 많이 한다는 것과 잘한다는 것은 별개이다.

– 소포클레스(그리스의 작가)

　너무나 마르고 비실비실한 흑인 소년, 부모 없이 할머니 손에 자라며 마약을 하던 그 소년은 훗날 역사상 최초의 흑인 미국 대통령을 하게 된다. 그리고 초임 때 미국인들에게 신임을 얻어 다시 한번 대통령을 하게 된다. 무려 8년 동안 세계에서 가장 강한 나라의 지휘봉을 잡았다.

　그는 변호사 출신답게 말솜씨가 탁월했는데 단지 '변호사 출신'이라는 이유로 설명하기에는 너무나도 말을 잘했다. 그래서 미국 국민을 대상으로 갤럽에서 조사한 통계 자료에서 '역사상 연설을 가장 잘 하는 대통령은 누구입니까?'라는 설문에 링컨 대통령을 제치고 1위에 오르기도 했다. 물론 오바마 대통령이 재임 기간 중 몇 번의 위기는 있었다. 핵심적인 큰 문제들에 대해 아무리 대통령이라 할지라도 혼자 결정할 수 있는 것이 아니기 때문이다.

즉, 국민들의 의견을 반영을 해야 하는데, 오바마 대통령 재임 기간 동안에는 유독 큰 문제들이 많았다. 특히 미국이라는 나라는 민주주의의 표본이라고 할 수 있는 국가이다. 자기의 주장을 여과 없이 말하고 표현하는 문화가 세계에서 가장 평등하다. 그래서 동성애와 같은 인권문제, 복지문제, 기업들의 세금 문제, 미군 증강 문제 등 합의점을 찾기 위해 끊임없이 심판대 위에 있었던 것이다. 그러나 그는 참모진들보다도 뛰어난 감각으로 위기를 기회로 만들 줄 알았다. 그리고 퇴임식을 할 때까지 오바마의 지지율은 떨어질 줄 몰랐다. 오바마 전 미국 대통령이 지지율을 계속 유지할 수 있었던 비결은 무엇일까?

바로 '말솜씨'였다. 오바마는 처음 미국 상원의원에 당선되면서 처음으로 정치계에 입문하게 된다. 오바마가 빛을 발휘하게 된 계기가 있었다. 2004년 민주당 전당대회 기조연설이었다.

"우리를 분열시키려는 사람들이 있습니다. (중략) 오늘밤 이 사람들에게 이렇게 말해둡니다. 진보적인 미국이 따로 있고 보수적인 미국이 따로 있는 게 아닙니다. 하나 된 미국이 있을 뿐입니다. 흑인의 미국이 따로 있고, 백인의 미국이 따로 있고, 라틴계의 미국, 아시아계의 미국이 따로 있지 않습니다. 오로지 하나 된 주들인 미국이 있을 뿐입니다. 희망, 어려움에 맞닥뜨렸을 때의 희망, 불확실성에 직면했을 때의 희망, 담대한 희망입니다. 결국 그것이 신이 우리에게 준 가장 위대한 선물입니다. 이 나라의 초석입니다. 아직 눈에 보이지 않는 것에 대한 믿음, 우리 앞에 더 좋은 날들이 펼쳐질 거라는 믿음 말입니다."

- 출처 : 2004년 오바마 기조연설 일부발췌

그 때 그곳에 있던 당원들을 감동시켜 버린다. 그래서 민주당 중진 의원들마저 오바마를 흔들리는 민주당의 구원 투수로 믿게 만들었다. 그 결과 백악관 안방에서 8년을 살고 뉴욕에서 4년을 상원으로 지낸 정치 9단 힐러리 클린턴도 가뿐히 눌렀다. 그리고 전형적인 백인 노장 공화당의 매케인 후보 역시 말솜씨로 크게 눌렀다.

오바마는 어떻게 연륜이 피어나는 정치계의 거물들을 제치고 당당히 최고의 자리까지 오를 수 있었던 것일까. 그는 어렸을 때부터 보험 세일즈맨 외할아버지에게서 설득법을 배웠다. 그리고 TV와 영화를 통해 유머를 배우면서 '말 잘하는 연습'을 끊임없이 몰두했다. 어렸을 때부터 말을 잘 하는 방법에 가장 우선순위를 두고 연습을 한 것도 있었지만 주변 환경의 도움을 받은 결과이기도 했다. 어쩌면 정치계에 입문을 하고 2017년 1월 11일 대통령 은퇴를 하기까지 최고의 빛나는 별이 될 수 있었던 것은 말솜씨 때문이었다고 해도 과언이 아니다. 다음은 자신의 정치적 고향인 시카고에서 8년간의 임기를 마치고 50분 정도 진행된 고별연설의 일부이다.

"미셸, 사우스 사이드의 미셸 라본 로빈슨. 지난 25년 동안, 당신은 내 아내이자 내 아이들의 어머니였을 뿐만 아니라, 내 최고의 친구였습니다. 당신은 당신이 요구하지 않았던 역할을 맡았죠. 그리고 은혜와 투지, 당신만의 방식, 멋진 유머로 그 일을 해냈어요. 당신은 백악관을 모두에게 속한 곳으로 만들었습니다. 덕분에 새로운 세대는 당신을 역할 모델로 삼아 더 높은 시야를 갖게 되었어요. 당신은 나를 자랑스럽게 만들어 주었어요. 이 나라를 자랑스럽게 만들어 주었어요. 말리아, 사샤야. 이상한 상황 아래에서도 놀랍도록 멋진 여성이 되었구나. 너희들은 영리하고도 아름답단다. 하지만 그보다 중요한 건, 너희들이 친절하고 사려 깊으며 열정으로 가득하다는 것이지. 너희는 몇 년 동안이나 스포트라이트에 둘러싸였지. 내 인생에서 내가 한 모든 일 중, 나는 너희들의 아버지로 있었던 것이 가장 자랑스럽단다. (중략) 여러분은 누구나 희망하는 최고의 후원자였으며 조직자들이었습니다. 영원히 감사할 것입니다. 왜냐하면, 여러분이 세상을 바꾸었기 때문입니다. 여러분이 해냈습니다."

모든 국민들에게 감사하다는 메시지를 전달하기 위해 아내를 서두로 스토리텔링 화법을 사용했다. 스토리텔링 화법이란 하고자 하는 말을 직접적으로 얘기를 하는 것이 아니다. 전달하고 자 하는 바를 좀 더 풀어서 말하면 이해도 쉽고 각인도 쉽다. 그래서 수많은 명사들이 쓰는 기법이다. 오바마는 쉬운 말을 사용할 뿐만 아니라 청중이 그의 말을 영상으로 바꿀 수 있도록 듣는 사람의 귀를 매료시킨다. 마치 이야기 속 현장에서 내가 겪은 것처럼 만들어버린다.

또한 오바마는 '청중들이 듣고 싶어 하는 메시지'로 이야기 한다.

"8년 전 제가, 미국이 불경기를 극복하고, 자동차산업을 재부팅하고, 역사상 가장 높은 일자리 창출을 가능케 할 것이라 얘기했다면 그리고 쿠바인들과 새로운 장을 열게 될 것이며, 이란의 핵무기 프로그램을 총격 없이 중단시킬 것이고, 9 · 11의 주동자를 사살할 것이라 얘기했다면, 결혼의 평등을 쟁취하고 2,000만 시민들에게 건강보험을 가질 권리를 확보해줄 것이라 얘기했다면, 제가 그렇게 얘기했다면, 여러분은 목표를 너무 높게 잡았다고 했을지도 모릅니다. 그러나 그것이 바로 우리가 한 일입니다. 당신이 한 일입니다. 당신이 바로 변화였습니다. 사람들의 희망에 대한 답과 바로 당신 덕분에, 거의 모든 면에서 미국은 더 낫고 더 강한 곳이 됐습니다."

'당신이 한 일이다.', '당신 덕에 우리는 더 강한 곳이 되었다'라는 희망의 메시지는 결국 청중들이 듣고 싶은 말이었다. 마지막까지 듣는 사람들을 존중해주고 높여주었다. 오바마의 이런 화법은 2004년 민주당 전당 대회에서부터 대통령을 은퇴할 때까지 강력한 힘을 발휘했던 것이다. 내가 말하고 싶은 것이 아니라, 청중이 듣고 싶은 말로 하는 것이 당신을 알리고, 높이는 방법이다.

마지막으로 오바마는 어려운 주제를 초등학생도 이해할 수 있을 정도로 쉽게 이야기를 한다.

"친애하는 미국인 여러분. 미셸과 저는 지난 몇 주 동안 우리가 받은 모든 희망에 큰 감동을 받았습니다. 하지만 오늘 밤은 제가 감사의 말을 드릴 차례입니다. 우리가 눈을 마주쳤든 서로에게 전혀 동의하지 않던 간에, 거실과 학교에서, 농장과 공장 바닥, 식당과 먼 군사 기지에서 제가 미국인 여러분들과 나눈 대화는 저를 정직하게 했고, 영감을 줬으며, 나를 계속 지켜줬습니다. 매일, 저는 여러분으로부터 배웁니다. 여러분이 저를 더 나은 대통령으로, 더 나은 사람으로 만들었습니다. 20대 초반에 시카고에 왔습니다. 나는 아직도 내가 누군지 알려고 노력하며 여전히 내 삶의 목적을 찾고 있습니다. 여기서 멀지 않은 곳에서, 폐쇄된 제철소의 그늘에서 교회 그룹과 일하기 시작했습니다. 이 거리에서 신앙의 힘, 투쟁과 상실에 직면한 노동자들의 조용한 존엄성을 목격했습니다. 평범한 사람들이 개입하고, 함께할 때 변화가 일어난다는 것을 알게 된 곳입니다."

똑똑하고 위대한 사람일수록 말과 글을 쉽게 전달을 하면 그 똑똑함은 배가 되게 된다. 미래학자 앨빈토플러의 저서 '제 3의 물결', '미래의 충격', '부의 미래'를 읽어보면 정말 쉬운 문장으로 되어있다. 미래학이라는 학문은 정말 어려워서 쉽게 접근하지 못한다. 수학 공식을 안 배운 사람에게 문제를 풀어 보라는 것과 같다. 그런데 그는 일반 사람들도 쉽게 이해할 수 있도록 수학 공식의 원리부터 천천히 설명하고 문제에 대한 답을 생각하게끔 만든다. 일반인들이 미래학에 대해 쉽게 접근할 수 있도록 만든 최초의 학자였다. 이후 수많은 사람들은 자신만의 통찰력으로 세계 질서를 분별해갔다. 쉽게 전달한다는 것은 완벽하게 내 것으로 소화하지 않으면 불가능하다. 미래학자 앨빈토플러가 증명했던 것처럼, 미국 전 대통령 오바마가 증명했던 것처럼 당신도 쉽고 명료하게 전달할 수 있어야 한다.

지금까지 오바마 전 대통령을 통해 '말솜씨'에 관한 이야기를 해보았다. 21세기는 나를 알리는 시대이다. 내가 어떻게 표현을 하느냐에 따라 연출과 포장을 하는 것으로 이어질 수 있다.

"최고의 순간은 아직 오지 않았습니다."라고 오바바 전 대통령이 이야기 한 것처럼 늘 최고의 순간을 맞이하기 위해 꾸준히 노력한 다면 당신의 말솜씨는 일취월장할 것이다.

☆★ 내면의 힘 10계명 ★☆

1. "저는 겸손합니다."라고 하는 순간 겸손한 사람이 아니게 된다.
   _벼의 법칙

2. 흐르는 물처럼 변화에 유연하고 변화를 일으키며 변화를 사랑하자.
   _유수의 법칙

3. 늘 자신을 반성하고 살피는 수도자처럼, 수시로 자신의 마음을 들여다
   보자. **_수도자 법칙**

4. 모든 정성을 들여 싼 도시락처럼 자신의 모든 것을 쏟자. **_도시락 법칙**

5. '이정도면 괜찮겠지.'라는 순간 소도둑이 될 수 있다. 시작부터 정직하
   자. **_바늘도둑 법칙**

6. 한계는 돌파하라고 있는 것이다. 자신의 돌파구를 찾아라. 반드시 통로
   가 보일 것이다. **_통로의 법칙**

7. 정신을 집중하면 상상 이상의 파괴력을 가져오게 될 것이다. 완전히 몰
   입하라. **_무아지경 법칙**

8. 500여권을 저술한 다산 정약용처럼 책은 세상을 보는 힘을 길러준다.
   _다산의 법칙

9. 아무리 뛰어난 실력자도 상대방과 호흡을 맞추지 못하면 끝이다.
   _호흡의 법칙

10. 아무리 똑똑해도 잘 표현하지 못하면 똑똑함이 묻힌다. 말솜씨를 늘리
    자. **_천냥빛 법칙**

Part 2

자기 마케팅은 필수다

퍼스널 브랜드는
연출력의 가지(枝)이다.

대중이 좋아하더라도 반드시 살펴야 하며,
대중이 싫어해도 반드시 살펴라.

– 공자 (중국의 사상가)

자기 마케팅(퍼스널 브랜드)에 관련된 책은 출판업계에 이미 수년 전부터 화두가 되었던 내용이다. 세계적인 마케팅의 대가인 필립 코틀러의 저서 퍼스널 마케팅에서도 "퍼스널 브랜드는 선택이 아니라 필수다."라고 이야기를 하고 있다.

갈수록 미니멀라이즈의 형태로 가고 있는 세상이다. 그래서 혼밥(혼자 밥 먹는 사람), 혼술(혼자 술 마시는 사람), 1인 가구, 1인 기업 등의 형태가 점점 증가함에 따라 본인 스스로가 사장이자 직원인 사람이 갈수록 늘어나고 있다. 그 중요성이 부각되었음에도 불구하고 아직까지 자신의 브랜딩을 하기 위해 노력을 하지 않는 사람들이 있다. 단순히 선택이라고 생각을 하기 때문 인지도 모른다. 그러나 자신을 브랜딩 하는 것은 선택이 아니라 필수이다. 브랜딩 하지 않으면 치열한 경쟁에서, 4차 산업 혁명 시대에서는 생존할 수 없기 때문이다. 또한 자신을 브랜딩 하지 않고서는 연출력을 극대화하지 못하게 되기 때문이다.

지금 다니는 직장이 당신의 미래를 보장해줄 것 같은가? 아무리 철밥통 이라고 불리는 공무원, 공기업이라 할지라도 100세 인생의 미래를 완벽하게 보장해주지는 않을 것이다. 따라서 이번 장에서는 왜 퍼스널브랜딩을 갖추어야 하는지, 그렇다면 어떤 것들이 필요한지를 연출력을 위한 핵심을 중심으로 수록해 놓았다. 연출력을 갖추기 위한 두 번째 단계, 지금부터 퍼스널 브랜딩에 대해 알아보도록 하자.

퍼스널 브랜드는 연출력을
기르기 위한 필수적인 조건이다

_ 필수

재능이라는 것은 자기 자신의 힘을 믿는 일이다.

– 막심 고리키(러시아의 작가)

2017년 국제구호기구 옥스팜이 "세계 최고 부자 8명이 가진 재산이 세계 인구 절반이 가진 재산과 비슷하다"는 내용의 보고서를 내놓았다. 부의 쏠림 현상이 심각하다는 사실을 당신은 이미 알고 있다. 더욱 안타까운 사실은 부의 격차는 시간이 흐를수록 더욱 커지고 있다.

부의 격차를 잡겠다고 당신이 혼자 무엇인가를 바꿀 수는 없을 것이다. 그래서 당신은 부자들은 더 부자가 되고 가난한 사람은 평생 가난할 수밖에 없음을 은연중에 인정을 하면서 살아가야만 한다. 그럼에도 불구하고 우리 중 누군가는 아무것도 가진 것 없는, 이른바 흙수저 상태에서 큰 성공을 이룬 사람들도 있다. 불가능에 도전해서 다른 사람이 한 번도 가지 않는 길을 스스로 개척해 나간다. 아무리 노력해도 안 된다는 생각을 과감하게 무너뜨려버린다.

'노력해봤자 안 될 것이다' 보다는 '단 1퍼센트의 희망만 있다면 계속 해보자'라는 생각을 한다. 그런 행동을 할 수 있는 저력은 바로 불확실성이 강한 시대에 답이 있다. 모든 분야를 통틀어 예측할 수 없다. 아무리 훌륭한 전문가라고 할지라도 100퍼센트 맞는 정답을 제시할 수도 없다. 오늘의 정답이 내일의 오답이 되거나 더 좋은 답이 나타날 수 있기 때문이다.

어쩌면 길을 개척하지 않으면 생존조차도 보장받지 못할지도 모른다. 또한 4차 산업 혁명으로 기존의 일자리들이 사라지고 점점 사람을 뽑는 숫자도 줄어들고 있다. 물론 기존의 일자리가 사라져도 새로운 일자리는 생긴다. 자동차가 생기면서 인력거를 끄는 사람들의 일자리를 잃었지만 자동차 판매원, 엔지니어, 광고 기획자 등 수많은 직업들이 새로 생겼지 않는가? 우리가 관심을 가져야 하는 건 한정되고 없어질 일자리가 아니라 1퍼센트 확률이라도 있다면 확률을 높이는 방법에 관심을 가져야 한다. 그 확률을 극대화 시키고 을에서 갑으로, 가난에서 벗어나는 최고의 방법이 바로 퍼스널 브랜딩을 하는 것이다.

이제는 열심히만 하면 되는 시대는 끝났다. 열심히 살지 않는 사람이 없고 노력하지 않은 사람도 없기 때문이다. 오히려 열심히만 하면 승부를 볼 수 없다. 집안 배경이 좋아서 연줄로 쉽게 입사하는 사람들도 예외는 없다. 이는 단순히 취업을 하고 대학을 합격하는 문제가 아니라 '생존'과 관련이 있기 때문이다. 지금 추세라면 국민 연금도 2040년 중반에 적립금이 최고조에 달하게 되고 2060년이 넘어가면 고갈이 될 것이다. 평균 수명은 계속 늘어가고 보험금을 낸 금액보다 연금을 받는 금액이 더 많기 때문이다. 결국 앞으로 믿을 것은 내 자신 뿐이다. 그래서 지금의 난국을 돌파하기 위해 퍼스널 브랜드는 반드시 필요하다.

퍼스널 브랜드라는 것이 도대체 무엇이길래 강조를 하는 것일까. 퍼스널 브랜드는 '대체 불가한 브랜드'이다. 오직 그 사람을 통해서만 나올 수 있는 브랜드인 것이다. 최초로 무엇인가를 시작해서 자리매김한 브랜드를 말한다. 또한 기존의 생각을 뒤집어서 새로운 신기원을 여는 사람들도 하나의 퍼스널 브랜드라고 할 수 있다.

예를 들어 한국 최초의 프리미어리거 하면 박지성 선수를 말할 수 있다. 대체 불가능한 수식어이다. 또한 대한민국 최초 피겨 스케이팅 올림픽 금메달리스트이자 '피겨여왕' 하면 김연아 선수, 국민 MC 하면 유재석, 최초의 여자 우주인 하면 이소연 박사, 한국사 하면 설민석 등이 바로 떠오를 것이다. 즉, 각 분야에 두각을 나타낸 사람들이거나 정말 피나는 노력을 통해 정상에 오를 수 있었던 이유는 당신에게 없는 무엇인가가 있기 때문이다. 그들은 간단한 수식어구로도 표현이 가능했고 그래서 사람들이 오래도록 기억을 하는 것이다. 이것이 바로 퍼스널 브랜드이다. 현재 나는 능력도 없고 실력도 없는데 어떻게 브랜드를 가질 수 있나요? 라고 생각을 한다면 지금부터 시작을 하면 된다. 그리고 걱정과 근심이 아니라 긍정과 실천력만 있으면 누구든지 가능하다. 사람들에게 각광받는 존재들이 모두 그랬기 때문이다. 퍼스널 브랜드를 가진 사람들의 공통점들은 다음과 같다.

첫째, 가난했거나, 혹은 가난을 경험해본 사람들이다. 실제로 박지성 선수는 축구 훈련을 하다 너무 배가 고팠다. 그러나 가정 형편상 풍족하지 못하여 끼니를 거르기를 일쑤였다. 배고픈 배를 달래기 위해 수돗물을 먹으며 생활했었다.

개그맨 김병만은 너무 가난해서 사람들로부터 무시를 받았다. 뿐만 아니라 작은 키로 인한 콤플렉스도 있어서 주변에서 '저 친구 나중에 뭐가 될까'라는 걱정 아닌 걱정을 했다고 한다. 왜 나는 가난하게 태어났는지 원망도 했으며 많이 울기도 했다. 그러나 지금은 대한민국 최고의 개그맨으로 우뚝 서지 않는가. 가난이 주는 무서움을 직접 경험해 본 사람들이었기 때문에 죽을 때까지 가난하다면 자신의 잘못이라고 생각을 했을 것이다. 그래서 악착같이 경쟁사회에서 퍼스널 브랜드를 통해 생존하였다. 가난이 무엇인 줄 알아야 그 가난이 싫고, 가난을 탈출하기 위해 부단히 노력하여 부자가 되려고 할 것이다. 지금 당신이 아무 것도 없다면 최고를 향해 갈 수 있는 최고의 조건을 가졌다고 생각해라.

둘째, 최소 10년 이상 준비를 했다. '아웃 라이어'라는 책에서 심리학자 말콤 글래드웰은 다음과 같이 이야기를 하고 있다. '1만 시간의 법칙이란 누구라도 하루에 3시간씩 10년을 노력하면 한 분야의 천재가 될 수 있다. 모차르트도 처음부터 뛰어나지는 않았다. 걸작으로 통하는 협주곡 9번은 그가 스물한 살 때 쓴 작품이다. 협주곡을 짓기 시작한 지 10년이 흐른 후였다.' 국가도 기업도 1~2년 안에 성공할 수는 없다. 만약 성공했다면 쉽게 무너지기 마련이다.

몇 달 만에 세계적인 브랜드를 만들어서 큰 매출을 만들 수 있다면 누구든지 성공하고 부자가 됐을 것이다. 그러나 세상은 절대 호락호락하지 않다. 모든 것을 다 걸고 해도 때로는 실패할 수도 있다. 목숨을 걸고 정상까지 올라가면서 그 과정들을 묵묵히 견뎌내고, 끝까지 완주하는 사람이 되어야 한다. 이미 늦었다고 생각을 하는가. '코카콜라' 사업을 이끌었던 아사 캔들러는 41세에 시작을 하였다. 소이치로 혼다 역시 42세가 돼서야 혼다 자동차를 창업했고 전 세계에서 가장 많은 마트를 세운 샘 월턴도 44세에 처음으로 월마트를 시작했다. 언제부터 시작했느냐는 절대 중요하지 않다. 끝까지 가는 것이 중요하다.

셋째, 하루를 1년처럼 살았다. 1년처럼 긴 하루를 보냈고 누구보다 치열하게 살았다. 두 번 다시 그 때로 돌아가고 싶지 않을 정도로 최선을 다했고 최고가 되려고 했다. 대한민국을 대표하는 미녀라고 할 수 있는 배우 김태희와의 결혼으로 화제가 되었던 가수 비는 모든 남자들의 질투 속에서도 당당히 결혼에 성공을 했다. 그는 처음에 가수로 시작을 했다. 그리고 배우로도 활동을 하더니 예능 프로그램에도 얼굴을 비추었다. 또한 미국 헐리우드에 진출해서 영화배우로도 활약을 했으니 연예인으로서는 해볼 수 있는 건 다 해봤다고 할 수 있다. 하지만 지금의 그가 가지고 있는 명성에 비해 그의 어린 시절은 말도 못하게 비참하였다. 10대 시절에는 집이 너무 가난했다. 그래서 어머니는 치료만 하면 나을 수 있는 병임에도 불구하고 치료조차 받지 못하고 세상을 떠나게 된다. 어머니를 떠나보낸 슬픔으로 '반드시 성공해야한다.'라는 각오로 정말 미친 듯이 연습, 또 연습을 했다고 하다.

한 인터뷰에서 "그때가 제 인생에서 가장 힘든 시기였던 것 같아요. 어머니가 아프신 걸 알면서도 가수가 되겠다는 욕심에 오랜 시간 함께 있지 못했던 것이 지금도 죄송스럽고 후회돼요. 그때는 집에 소홀했던 아버지가 참 많이 원망스러웠어요. 왜 제게만 이런 힘든 일이 생기는 걸까 분노도 느꼈고요. 하지만 제가 가수가 되길 바라셨던 어머니의 소원을 이루기 위해서라도 더 열심히 노력하겠다고 결심했죠."

그렇게 하루를 1년처럼 노력할 끝에 '나쁜 남자'라는 노래로 가요계에 발을 들였고 오늘의 그가 된 것이다. 성공 후 한 인터뷰에서 "힘들 때마다 하늘에 계신 어머니를 생각하며 이겨냈어요. 그리고 이젠 아버지도 전혀 원망하지 않아요. 종종 아버지가 '너에게 짐이 된다.'고 제게 말씀하실 때 죄송스러울 뿐이죠. 부족한 것은 많지만 이젠 제가 가족을 이끌어가고 싶어요. 아버지도 이제 힘들어 하지 마시고 인생을 즐기셨으면 좋겠어요."

당신은 결코 평범하게 살아서는 안 된다. 세상에 한 번 태어나 이름을 날리고 몸값을 높이고 멋있게 살아봐야 하지 않겠는가? 나는 능력이 없어서 못 할 것 같다는 생각부터 버리자. 못 한다는 생각은 사치다. 정말 못 하는 사람들에게 죄를 짓는 것이다. 건강한 신체와 이상 없는 머리를 가지고 있음에도 가만히 방치를 한다면 무엇인가 잘못되고 있는 것이다. 자신을 죽였기 때문이다. 무엇을 브랜딩 할 것인지, 나의 어떤 부분을 부각 시킬 것인지, 정체성은 무엇이고 무엇으로 사람들에게 기억되게 할 것인지를 지금부터 하나씩 생각을 해보자.

길게 보고 지금부터 영화 한 편을 만든다고 생각하고 시작해보자. 10년이라는 시간은 인생의 긴 여행에 비하면 한 점에 불과하다. 10년 뒤에 당신이 어떤 자리에서 행복한 미소를 띄고 있을지 너무 기대 된다. 지금의 모습과는 너무 다른, 내 자신에게 감동 받을 만큼 성장할 당신의 모습을 기대한다.

삶과 죽음은 마음대로 할 수 없지만
그 사이는 마음먹은 대로 할 수 있다

_스토리

모든 성경은 사람이 만들었다.

– 토마스 에디슨(미국의 발명가)

성인이 되기 전까지 "한 권의 책으로 인생이 바뀔 수 있습니다"라는 말을 믿지 않았었다. '어떻게 책 한 권으로 인생을 논할 수 있을까'라고 생각했기 때문이다. 굳이 책이 아니더라도 즐길 것들이 넘쳐나는데 왜 머리 아프게 책을 읽는지 이해를 못했다. 심지어 책을 읽는 것을 최대 낭비라고 생각을 했었다.

그리고 성인이 되었다. 집에 소복이 먼지가 쌓인 책을 우연히 보게 됐다. '무궁화 꽃이 피었습니다.'라는 제목이었다. 90년대에 쓰인 책이라 세월의 흔적이 고스란히 묻어 있었다. 종이는 누르스름하게 변해있고 약간의 곰팡이가 생긴 책을 바라보면서 '버려야겠다.'는 생각을 했으나 그래도 아까우니 '몇 페이지는 읽고 버리자'라는 생각을 하게 됐다. 책 첫 페이지를 열고 읽기 시작했다. 그리고 그 날 살면서 처음으로 책을 보며 밤을 지새우게 된다. 그리고 이 소설을 썼던 저자를 존경하게 되었다.

다 읽은 뒤 투명한 포장지로 감싼 후 가장 눈에 잘 들어오는 책장에 다시 꽂아놓았다. 단 한권의 책으로 책에 대한 생각이 바뀌게 되었다. 그 책을 읽은 뒤 흥분이 가라앉지 않아서 인터넷을 조사해보았다. 그런데 600만부가 넘게 팔렸다는 것, 이후에 영화로 제작이 되었다는 것을 알게 된다. 다시 말해서 처음 책을 읽었을 때에는 그 책이 베스트셀러인지 모르고 단지 '버리기 아깝다'는 이유로 읽기 시작했을 뿐이었다. 우연한 계기로 한 권의 책이 인생을 바꾼다는 것을 경험하게 되었다.

그 후에 내 삶은 정말 변화했다. 고등학교 때까지 한 권의 책도 읽지 않았던 내가 무섭게 읽어나가기 시작했다. 처음에는 그 책을 저술한 작가의 책을 전부 읽기 시작했다. 대학을 다니는 동안에는 '매년 1년 등록금 만큼 책을 읽자'라는 생각으로 도서관에서 4년을 보냈다. 그게 습관이 되어 지금은 무엇인가 읽지 않으면 마치 '금단현상'이 일어나는 느낌을 갖게 되었다.

지금은 수백 권이 넘는 책들이 내 방 책장을 메우고 있고 집 앞 도서관에는 대여를 가장 많이 하는 사람 중 한 명이 되었다. 또한 자기 계발 서적 안에 있는 귀한 내용을 바탕으로 버킷리스트들을 작성해 나갔다. 그리고 작은 성취감을 통해 원하는 삶을 만들어갈 수 있었다. 책 한권으로 인생이 변했던 것이다. 만약 그 때 책을 읽지 않고 생각 없이 그냥 버렸다면 작가의 삶을 살 수 없었을 것이다.

우연히 본 책 한 권을 통해 작가의 삶을 살아가는 이야기를 했다. 이처럼 자신만의 이야기가 있어야 경쟁력이 생기고 차별화가 된다. 모든 사람들이 다른 지문을 가지고 있는 것처럼 당신 자신만의 고유한 이야기가 반드시 있어야 한다. 그것을 사람들 앞에서 자신 있게 말할 수 있어야 한다. 당신만의 스토리는 사람들에게 강력한 인상을 주기 때문이다.

자신만의 스토리를 통해 살아가고 있는 유명한 사람이 있다. 1964년 저장성 항저우에서 가난한 경극배우의 아들로 태어났다. 가난했고 형편없는 외모로 못난이라고 놀림을 받았다. 거기에 키도 크지 않았으니 좋지 않은 조건은 다 가진 사람이었다. 그런 고난과 역경을 딛고 중국에서 가장 부자가 된 사람 중 한 명, 바로 알리바바 창업자 마윈이다. 현재 '중국 내에서 공산당 다음으로 영향력 있는 사람'으로 불릴 정도이고 전 세계의 젊은이들이 닮고 싶어 하는 사람이 됐다.

'가난과 역경을 딛고 중국에서 가장 영향력 있는 사람 중 한 명'이 된 그의 스토리는 그 자체만으로 수많은 청중들에게 희망의 메시지가 됐다. 늘 무대 위에 올라가면 자신의 스토리를 통해 청중들에게 동기부여를 한다.

마윈은 "가진 것도, 외모도, 키도 작은 나도 했으니 당신도 할 수 있습니다."라는 메시지를 통해 중국의 수많은 젊은이들의 심장을 두근거리게 했다.

모든 약점과 악조건들을 이겨내고 성공한 사람이 또 있다. 작은 키, 마른 몸매, 구부러진 척추의 보잘 것 없던 그는 부족함을 극복하기 위해 부단히 노력했다. 열심히 공부했고 학위과정을 마친 후, 대학에서 시간강사의 삶을 살 수 있게 되었다. 그러나 너무나 가난했고 동생들을 뒷바라지 하기 위해 주당 20시간 이상의 노동을 했다. 정말 열심히 노력하면 교수직이 될 줄 알았건만 번번히 실패를 하고 만다. 그러나 그런 과정 자체를 묵묵히 견디고 자신의 철학으로 녹여내면서 인류의 큰 자산을 남긴 위대한 철학자가 된다. 바로 순수 이성 비판의 명저를 저술한 임마누엘 칸트의 이야기이다.

자신이 지금까지 너무 평범하게 살아서 이야기가 없다고 생각하는가? 부모님 잘 만난 사람들은 추월차선을 타면서 계속 승승장구하고 있는데 나는 아무리 노력해도 안 된다는 생각을 하고 있는가? 다른 사람들과 비교하지 말자. 비교를 하는 순간 패배감은 밀려오기 때문이다. 또한 비교한다고 해서 결과가 달라지는가? 오히려 악영향을 줄 수도 있다.

당신은 지금부터 감독이 되어 세상의 하나뿐인 스토리를 만들어가고 있다고 생각을 하자. 돈은 지금의 상황을 좀 더 기름지게 해줄 수 있는 도구인 건 사실이지만 노력 없이 돈을 갖게 되면 독이 된다. 따라서 지금보다 더욱 처절하게 실패를 맛보아도 좋다. 가진 것이 아무것도 없을 때까지, 더 이상 잃을 것이 없을 때까지 그야말로 바닥으로 내려와도 괜찮다. 너무 쉽고 재미있기만 하면 스토리가 재미가 없다. 바닥을 치더라도 해피엔딩으로 끝나는 과정을 만드는 것이 최고의 스토리라고 할 수 있다. 그렇다면 당신만의 스토리를 만들기 위해 어떤 방법이 필요할까.

첫째, 인생그래프를 그려보자. 인생그래프라는 것은 태어나서부터 지금까지 살아온 경험들을 비롯하여 모든 경력들을 적어보는 것이다. 자신의 현재를 분석하기 전, 과거의 경험들을 쭉 돌아보는 것이 선제조건이 되어야 하기 때문이다. 인생그래프 속에는 나이에 따른 감정변화까지 매우 세세하게 작성이 되어야 한다. 그리고 어떤 경험을 통해 내가 행복했는지, 집안에 어떤 변화로 인해 나의 진로와 삶이 바뀌었는지까지 모든 것을 담을 수 있어야 한다. 장황한 문장보다는 핵심 단어들을 나열해서 한 눈에 볼 수 있게 만들어 놓는 것이 좋다. 나는 인생그래프를 작성하면서 십대에 했던 생각, 이십대에 했던 생각들을 정리할 수가 있었다. 세상의 절반은 왜 가난하고 가난한 사람들은 왜 더 가난해질 수밖에 없는지, 도전을 하면서 무엇을 느꼈고 그것을 바탕으로 어떤 삶을 살아야 하는지 등 생각지도 모르게 자신의 장점들과 단점들을 많이 발견할 수 있었다. 다른 사람들에게 내 인생을 이야기 할 수 있지 않으면 탁월한 존재가 될 수 없다. 이야기 할 수 있을 정도까지 정확하게 작성해보자. 혼자 작성이 어렵다면 전문가에게 의뢰해서라도 반드시 작성하고 지속적으로 업데이트 해 나가야 한다.

둘째, 현재 자신을 정확하게 분석한다. 현재 직업은 있는지 없는지, 없으면 무엇이 부족한지, 주변 친구들 중 가장 친한 친구는 누구인지, 내가 무슨 말을 해도 믿어 줄 친구가 맞는지, 현재 가지고 있는 것들을 무엇이 있는지, 부모님과 함께 살고 있다면 독립을 언제 할 것인지, 여자 친구가 있다면 결혼을 전제로 만나고 있는지, 현재 소유하고 있는 것들이 무엇이 있는지 등 다각도의 분석을 통해 자신의 현재 위치를 정확히 알아야 한다. 자기 자신이 누구인지는 자신이 가장 잘 아는 법이다. 정확히 알게 되면 소위 '기질'이라는 것이 보이게 된다. 내가 지금까지 교육했던 학생들에게 본인에 대해 적어보라고 하면 한 눈에 보아도 운동을 좋아하는 사람, 과학을 좋아하는 사람, 미래를 좋아하는 사람, 책과 글쓰기를 좋아하는 사람 등 성향이 나타나게 된다. 그러면 그 성향에 맞게 자신을 알릴 수 있고 브랜딩할 수 있는 스토리를 만들어 가는 작업을 하면 된다. 그렇게 되면 자신이 조금이라도 원하는 삶에 가까워질 수가 있게 되고 직장에 들어가 사회생활을 하더라도, 친구를 사귀더라도 좀 더 자신의 색깔을 낼 수가 있게 된다.

셋째, 모든 계획은 끝에서부터 계획한다. 가령 12월 1일에 시험이 있다면 시험을 보는 날짜부터 거꾸로 계획을 하는 것이다. 수많은 자기계발 서적에도 나온 내용이지만 여기서 중요한 것은 하나의 계획이 아니라 내 인생의 계획을 의미한다. 지금 당장은 막연하게 나올 수밖에 없다. 아직 살아갈 날들이 더 많고 많은 전문가들조차 급변하는 사회를 예측하지 못하기 때문이다. 그러나 방향성은 분명해야 한다.

"나는 존경받는 삶을 살겠다."라고 방향을 잡았다면 100살부터 거꾸로 존경받는 삶의 모습들을 그려보는 것이다. 주변에 어떤 평판을 받고 어떤 명성을 얻으면서 살아갈지, 그 자리까지 오르기 위해 어떤 노력을 해야 하는지, 그리고 지금부터 무엇을 준비를 해 나가야 하는지를 말이다. 미래부터 현재까지 한 방향성을 가지고 작성을 하다 보면 나를 가장 잘 나타내주는 브랜드가 무엇이고, 사람들의 기억 속에 내가 어떤 사람으로 자리 잡을지를 알 수 있게 된다. 또한 하루하루를 소중히 보낼 수 있게 되는 힘이 된다.

당신이 태어난 그 자체만으로 당신의 이야기는 시작되었다. 지금 책을 읽고 있는 이 순간에도 당신의 이야기는 만들어져 가고 있는 것이다. 멈추지 말고 계속 만들어가라. 당신의 수많은 이야기들은 당신을 마케팅 하는데 있어서 큰 무기가 될 것이다.

내가 갖고 싶은 상품이 아닌
남이 갖고 싶은 상품이어야 한다

_첫인상

처음에 엄하게 하고 점차 풀어주어라.

– 채근담

첫인상은 쉽게 바뀌지 않는다. 이를 심리학에서는 '초두 효과'라 한다. 첫 번째 모습에서 다소 좋은 평가를 받지 못하면 두 번째 모습이 아무리 훌륭하다고 하더라도 첫인상의 잔상이 있기 때문에 선입견이 생길 수 있다. 연세대 심리학과 김영훈 교수는 '게으른 사람'이라는 심리학 개념을 빌려 다음과 같이 말했다.

"인간은 움직이고 먹고 말하는 외적인 활동 외에 생각하고 판단하는 내적인 활동에도 에너지를 소모합니다. 그런데 뇌는 에너지 소모를 최소화하기 위해 짧은 시간에 적은 정보만으로 판단하고 그 결과를 쉽게 바꾸지 않아요. 그런 인간의 특성을 '게으른 사람'이라고 표현하죠. 그래서 한번 각인된 첫인상은 나와 친밀한 관계가 형성돼야만 비로소 바뀌게 됩니다."

그래서 첫인상을 간과해서는 절대 안 된다. 소개팅을 할 때, 첫 고객을 만날 때, 처음으로 발령이 난 곳에 일을 하게 되는 등 모든 첫 순간들에 신경을 써야만 한다. 만약 첫인상의 중요성을 알고 있음에도 불구하고 방법이 서툴다면 전문가들의 도움을 받는 것도 나쁘지 않다. 겉으로 보여 지는 외모와 숨겨진 모습을 코칭해주는 이미지 컨설턴트, 말을 어떻게 해야 상대방의 마음을 사로잡을 수 있는지 가르쳐주는 스피치 강사의 도움을 받을 수 있을 것이다. 하지만 전문가의 도움을 받는다고 하더라도 본질적인 자기의 모습이 바뀌지 않는다면 결코 원하는 것을 이룰 수 없다. 즉, 겉모습의 화려함과 말을 잘 하는 것보다 더 중요한 것을 절대 놓쳐서는 안 된다는 것이다. 그래서 지금부터 첫 이미지를 보다 좋게 하는 방법에 대해 알아보자.

첫째, 눈빛이다. 인터넷에서 성공한 사람들의 이미지를 검색해보라. 그들의 눈을 보면 눈의 모양은 다 달라도 눈빛만큼은 하나같이 반짝반짝 빛난다. 아무 말을 하고 있지 않아도 진정성이 느껴진다. 그래서 그들을 보고 사람들은 '좋은 인상을 준다.'라고 이야기를 한다. 반대로 현재 수감 중이거나 과거 범죄를 저질렀던 사람들을 다시 한 번 검색을 해보라. 눈에 살기가 있고 선한 기운보다는 악한 기운이 감돈다. 먼저 말을 걸고 싶은 생각보다는 왠지 피하고 싶은 생각이 든다. 성공한 사람과 범죄자라는 선입견이 주는 감정일수도 있다. 또한 극단적인 방법으로 분류를 하면서 이야기를 했을 수도 있다. 그러나 학자들의 조사에 의하면 실제로 눈빛만 보아도 나에게 호의를 보이고 있는지를 알 수 있다고 한다. 조사 내용은 다음과 같다.

70퍼센트 이상의 정보를 눈을 통해 수집한다. 우리는 다른 사람을 만나면 눈빛을 보고 첫인상을 평가하고, 대화중에는 눈빛을 살펴보며 상대방의 생각과 감정을 헤아린다. 또한 상대방의 말이 진심인지 거짓인지, 나에게 호의를 갖고 있는지, 아니면 적의를 품고 있는지를 모두 눈빛으로 통해 이해한다. 조사결과에 의하면 사람은 90초에서 4분 정도의 시간이면 다른 사람에게 반할 수 있는데 이때 가장 중요한 영향을 미치는 것이 눈 맞춤이라고 한다. 심지어 태어난 지 이틀 밖에 안 된 신생아도 상대방이 자신을 똑바로 쳐다보면 이를 알아챈다는 연구결과가 나왔다.

영국-이탈리아 공동 연구팀은 생후 2~5일의 신생아에게 시선을 피한 얼굴 사진과 직시하는 다른 얼굴 사진을 신생아들에게 보여주었다. 그 결과 각기 다른 반응이 나타났던데 신생아들은 눈 맞춤을 할 수 있는 직시 얼굴 사진을 다른 얼굴 사진보다 더 오래 보았고,

시선도 똑바로 앞을 향했다고 한다.

– 출처 : 싸가지 인간관계론

아침에 눈을 뜨면 가장 먼저 거울을 보자. 그리고 눈을 바라보자. 오늘 하루 어떤 눈빛으로 살아갈지 자신을 똑바로 바라보자. 매일 아침 눈빛을 연습하는 당신은 분명 인생이 바뀔 것이다.

둘째, 걸음걸이이다. 옛날 양반들의 걸음걸이는 정말 느릿느릿했다. 아무리 급한 용무가 있어도 절대 뛰는 법이 없었다. 걸음걸이는 그들의 자존심이자 양반이라는 계급을 나타내주는 이미지였다. 그리고 오직 걸음걸이에 집중을 했다. 걸음걸이는 또한 그 사람의 성격을 알 수 있다. 발소리를 내면서 걷는 사람, 보폭이 넓고 등과 어깨가 굽은 사람, 질서 없이 지그재그로 걷는 사람, 안짱다리로 걷는 사람, 가랑이가 서로 비벼지도록 걷는 사람, 발을 바깥으로 벌리고 팔자걸음으로 걷는 사람 등 유형으로 따지면 수십 가지에 이른다. 당신에게 '어떤 유형의 걸음걸이를 걷게 되면 무조건 성공하게 됩니다.'라고 하면 그것은 사기다. 성별에 따라, 신체에 따라, 환경에 따라 걸음걸이는 달라지기 마련이기 때문이다. 하지만 변하지 않은 진리는 있다. 걸으면서 절대 다른 행동을 하지 않는 것이다.

현대인들이 가장 많이 하는 다른 행동 1위가 스마트폰을 만지면서 걷는 것이다. 한 언론사 설문조사에 따르면 95.7퍼센트의 시민이 '걸으면서 스마트폰을 한 번 이상 사용한다.'고 답했고, '그러다가 교통사고 날 뻔한 경험이 있다'는 응답자가 5명 중 1명꼴이었다고 한다. 보행 중 스마트폰을 쓰는 것은 상당히 위험하다는 것이다. 그래서 미국 일부 주에서는 걸으면서 스마트폰 사용하는 것을 아예 법으로 금지하기도 했고, 뉴저지에서는 길을 가다가 문자메시지를 보내려면 멈춰 서서 해야지, 안 그러면 85달러의 벌금을 내야 한다고 한다. 그 외에도 걸을 때 다른 행동을 하는 습관이 들게 되면 몰입하고 집중하는 것에 방해가 된다. 성공한 사람들의 걸음걸이가 매력적인 이유를 아는가? 온전히 걸음걸이에만 집중을 했기 때문이다. 사소한 걸음걸이를 위대하게 생각을 하자. 위대한 걸음걸이는 첫 이미지를 좋게 만들 것이다.

셋째, 목소리와 말투이다. 사회적으로 심각하게 떠오른 사기사건 중 하나가 바로 보이스 피싱이다. 치안정책연구소가 발간한 '2016 치안전망'에 따르면, 2006년 6월부터 2015년 6월까지 10년간 보이스 피싱 발생 현황을 보면, 총 5만 7,251건이 발생했고 피해액은 6,418억 원에 이른다고 한다. 얼굴을 보지 않고 전화에서 들려오는 음성으로 어떻게 사기를 당할까라고 의문을 품을지 모르겠지만 믿음을 주는 목소리는 당신도 피해갈 수 없을지도 모른다. 피해 규모에서 보았듯이 당신도 언제든지 피해자가 될 수 있음을 늘 염두해

두어야 한다. 그만큼 목소리를 통해 신뢰를 주는 비율이 높다는 것을 알 수 있다. 따라서 청중의 마음을 사로잡기 위해서는 목소리와 말투에 신경을 써야 한다. 단군 이래 최고 사기 사건으로 기록 되고 있는 '조희팔 다단계 사건'을 모티브로 해서 만든 영화 '마스터'에서도 이병헌의 배역을 통해 목소리가 얼마나 큰 힘을 주는지 알 수 있다. 영화에서 이병헌은 목소리의 톤, 정확한 발음, 관객들이 들을 수 있는 속도로 차분히 이야기를 한다. 물론 이병헌 특유의 저음은 이미 정평이 나있지만 고객의 주머니에서 돈을 빼내는 것은 얼굴도, 키도 아닌 목소리라는 것을 알 수 있을 것이다. 국민 MC 유재석도 "톤이 높아질수록 뜻은 왜곡된다. 즉, 낮은 목소리에 힘이 있다."라고 하였다. 평소에 한 문장을 말 하더라도 결코 가볍게 얘기하지 말자. 처음에는 익숙하지 않겠지만 한 마디 한 마디의 품격 있는 음성은 첫 이미지를 좋게 할 것이다.

그 밖에도 '드레스 코드'에 맞게 옷을 입는 것이다. 무조건 화려하고 값비싼 옷을 입는 것이 좋은 이미지를 갖게 하는 것은 아니다. 수영장에서 수영복을 입지 않고 정장을 입고 있다면 오히려 마이너스 요소인 것처럼 드레스 코드라는 것은 장소에 맞는 콘셉트에 따라 맞는 옷을 입는 것을 의미한다. 할로윈 파티를 할 때에는 할로윈 복장을, 여행을 떠날 때에는 여행에 어울리는 복장을 입어야 하는 것이다.

나도 '패션 테러리스트'라는 별명을 가질 정도로 옷을 정말 못 입는다. 오죽하면 옷가게에 가서 "저기 마네킹이 입고 있는 그대로 주세요."라고 얘기를 하겠는가. 실제로 지금까지 옷을 구입하는데 평균 5분이 채 걸리지 않았다. 패션에 무감각한 나도 만나는 사람과 장소에 따라 옷을 입는 방법을 달리 하려고 노력을 한다. 그것은 나를 위함이 아니라 상대방에 대한 예의이기 때문이다. 상대방에게 첫 이미지를 좋게 보이게 하는 노력은 하면 할수록 알아주게 되어있다. 그 노력들의 경험이 쌓이게 되면 비로소 당신의 첫인상이 끝인상이 되는 것이다. 첫인상을 절대 간과하지 말자.

진정성은 사람들의 마음을
움직이는 최고의 마음이다

_진정성

겉모습이란 속임수이다.

– 플라톤(그리스의 철학자)

당신 주위에 '사기 당했다'라는 사람들을 심심찮게 볼 수 있을 것이다. 아직 그런 사람들을 보지 못했다면 TV나 스마트폰을 켜고 뉴스를 보면 된다. 매일 끊이지 않고 나오는 뉴스 중 하나가 바로 사기 사건이다. 공식 통계에 의하면 1년에 24만 건 정도 사기 사건이 발생한다. 하루로 계산하면 평균 600건 정도 된다. 다시 시간으로 환산해 보면 2분에 1건씩 사기 사건이 일어나는 것이다. 대한민국이 '세계 최고의 사기 공화국'이라는 불명예는 이미 통계가 말해준다. 또한 가장 사기가 많이 일어나는 지역은 서울시 강남구이다.

아무래도 거기에 금융 여러 가지 기관도 많이 있고 예를 들면 돈이 많이 있는 투자를 하고 싶은 사람도 많이 있다 보니까 사기범 입장에서는 상당히 먹잇감들이 많은 것이다. 특히 강남대로와 테헤란로의 빌딩들을 유심히 보면 수많은 다단계 업체들이 즐비해 있다. 물론 합법적으로 운영하는 업체도 있다. 그러나 사람들은 진짜와 가짜를 구별하는 능력이 없다. 그래서 그 경계선에서 많은 피해자들이 지속적으로 발생하고 있는 것이다. 정말 사기를 잘 치고 사기를 잘 당하는 대한민국이다. 혹시 '다른 사람은 당해도 나는 절대 사기를 안 당할 것이다'라는 생각을 하고 있는가?

사기를 당했던 수많은 사람들도 그랬다. 즉, 내가 당하고 싶어서 당하는 것이 아니라 진짜와 거짓을 구별하지 못하는 눈과 자본주의의 본질인 '돈'의 유혹 때문에 당하게 된다. 진짜처럼 행동하는 수많은 사기꾼들을 보면 일반인들은 진짜와 가짜를 구별하기 힘들다. 진짜처럼 접근하기 때문이다. 당신이 사기꾼의 방법을 배운다면 진짜와 가짜를 구별할 수 있는 눈이 생기게 될 것이다. 도덕적으로 문제가 있는 사기꾼들도 돈을 벌고 성공한 것처럼 행동을 하는데 진짜 실력이 있고 내공이 있는 당신이 돈을 벌지 못하면 말이 안 된다. 당신은 무엇보다도 진실을 볼 수 있는 안목을 길러야 한다. 더 나아가 그들의 좋은 점을 흡수해서 당신만의 진정성을 만들 수 있어야 한다. 수많은 사기사건 중 대표적인 두 사건이 있다.

먼저, 단군 이래 최대 사기의 행각으로 전 국민을 경악하게 했던 '조희팔 다단계 사건'이다. 피해자 모임 추산 7만 명이 넘고 피해액은 무려 8조이다. 그의 죄명은 '유사수신'이다. 유사수신은 금융관계법령에 의한 인가, 허가를 받거나 등록, 신고 등을 하지 않고 불특정다수인으로부터 자금을 조달하는 행위를 말한다. 즉, 사람들은 고수익을 보장해 준다는 말에 사람들은 정상적으로 운영이 되고 있는 회사인지 정확히 확인도 하지 않은 채 투자를 한다.

그렇게 조희팔은 4년간 투자금을 모았다. 그가 했던 사업 방식은 이렇다. 입금을 해 준 투자자들에게 의료기기를 대여했다. 대여한 의료기기를 누군가 돈을 지불하고 사용을 하면, 일부를 투자자들에게 되돌려 주는 방식이었다. 사실 그것은 투자를 받기 위한 형식적인 내용일 뿐이다. 오직 투자자들이 믿게끔 만드는 것이 그의 목표였다. 그래서 매일 투자자들의 통장으로 일정한 금액을 입금시킨다. 이미 투자한 사람들은 매일 입금이 되니 믿게 되었다. 그래서 투자자 주변 사람들에게도 알리기 시작한다. 지인들에게 돈이 입금된 통장을 보여주니 그들도 똑같이 믿게 된다. 결국 빚까지 내서 투자를 하기에 이른다. 이것이 다단계의 전형적인 방법이다.

시간이 지나자 돈에 욕심이 생긴 사람들은 투자 액수를 늘리게 된다. 계속 통장으로 돈이 들어오니 설령 불법이라 할지라도 돈을 벌 수 있기 때문이다. 하지만 4년이 지난 후 조희팔은 4조 원 이상의 돈을 들고 중국으로 잠적하게 된다. 그리고 몇 년 후 진짜인지 아닌지는 알 수 없지만 사망했다는 기사가 나온다.

사기를 당하게 되면 돈만 잃는 것이 아니라 피해자들의 가정까지 뿌리 채 흔들리게 된다. 그래서 사기는 '영혼을 파괴하는 범죄'라고 한다. 사기를 당하면 돈을 다시 찾기가 어렵다. 설령 찾는다 하더라도 추징몰수는 국가에 귀속이 되고, 민사적 재판을 통해서 시간 상당 소요가 된다. 또한 누구의 재산인 것인가 입증하는 것도 한계가 있다. 결국 피해자들은 피해자로 남게 된다. 사기꾼 조희팔은 명문대 출신이나 고위직 관리였던 사람이 아니다. 그는 초등학교 밖에 졸업 못한 보잘 것 없는 학력의 소유자다. 오히려 그 점이 사기를 치는 데 쉬웠다. 초졸 출신이 어떻게 지금의 성공을 했는지 '거짓 성공담'으로 사람들을 현혹시킨 것이다.

그와 함께 일했던 핵심 간부들의 분위기 형성도 한 몫 했다. "빠르게 돈 벌 수 있는 것은 아무나 아는 정보가 아니기 때문입니다. 투자를 할 수 있는 기회가 사라지면 투자를 하고 싶어도 할 수가 없습니다."라고 사람들을 현혹시켰다. 다 같은 한패임을 순진한 사람들은 몰랐다. 현란한 말솜씨로 아무리 의심이 많은 사람도 넘어가게 된 것이다. 거기에 조희팔 일당은 '포장지 효과'를 알았다. 예를 들면 '청와대 수석과 형 동생 하는 사이입니다', '모 그룹 회장하고 같이 밥 먹는 사이입니다', '세계은행 총재랑 가까운 분하고 이번 주 미팅이 잡혀 있습니다'라고 이야기를 한다. 부와 명예, 권력을 가진 사람들과 알고 지내기 때문에 나를 믿어야 한다고 과시를 한다. 성 공담, 분위기 형성, 포장지 효과를 통해 사람들에게 자연스럽게 사기를 치게 된다. 콩 심는 데 팥이 난다고 해도 믿을 정도까지 만들어버린 조희팔은 거짓 진정성을 통해 최고의 사기꾼이 된 것이다.

조희팔에 버금가는 또 한 명의 사기꾼이 있다. 대한민국의 청담동의 30대 주식부자라고 알려졌던 이희진 씨다. 늘 사기꾼들의 멘트는 예상을 벗어나지 않는다. 가난했고 불우한 어린시절을 보냈다고 얘기를 한다. 그리고 나이트클럽 웨이터를 했었고 막노동을 전전하다가 주식으로 대박이 나서 자산가가 됐다고 한다. 2013년에는 증권 관련 케이블 방송에서 주식 전문가로 활동하면서 인기를 끌기도 한다. 2014년에는 유사 투자 자문사를 설립해 유료회원들 수천 명을 상대로 주식시장에 상장되지 않는 주식을 사라고 권유하기도 한다.

조희팔이 오프라인으로 사람들에게 사기를 쳤다면 이희진은 젊은 사람답게 온라인을 이용할 줄 알았다. 자신이 돈이 많다는 것을 지속적으로 과시했다. 자신의 SNS를 통해 청담동 200평대 빌라와

수퍼카 사진을 올리며 10만 명 이상의 팔로워를 끌어 모으기도 한다. 심지어 주식으로 번 통장을 공개하기도 한다. 사람들은 온라인 속의 이희진 사진과 결과물을 통해 주식으로 돈을 벌었다는 사실을 믿게 된다. 결국 '나도 이희진처럼 될 수 있다'라는 꿈을 꾸게 되고, 그 마음을 이용해서 이희진은 사기를 감행하게 된다.

그 때부터 사람들에게 투자를 권유하기 시작했고 이미 이희진의 가짜 명성에 넘어간 사람들은 빚을 내서라도 투자를 하고 만다. 사기꾼은 사기꾼들과 통한다고 했을까. 조희팔이 '거짓 성공담'을 해서 사람들을 마음을 잡은 것처럼 그도 '흙수저 성공신화'를 주장했다. 나이트클럽 웨이터와 막노동을 전전했던 과거를 얘기하면서 주식 투자로 대박난 스토리를 사람들에게 얘기를 한다. 거기에 경제 케이블에 주식 전문가로 활동까지 하고 있으니 어느 누가 의심을 했겠는가? 그리고 비상장 주식을 사람들에게 권유하고 그 주식을 헐값에 매입해서 자기 회사로 만들어놓는다. 주식의 오르도록 조작을 한 다음, 그 주식을 비싼 값에 팔아 본인은 이익을 취하는 수법이었다. 결국 피해자들은 피해자들로 남게 된 것이다. 조희팔과 그 일당들처럼 그도 역시 포장지 효과와 화려한 언변, 사람들의 심리, 그리고 될 것 같은 분위기를 잘 만들었다. 신기하게도 대한민국을 뒤흔드는 수법이 입을 맞춘 것처럼 동일했다는 것이다. 사람들의 마음을 사로잡고 믿게 만드는 기술, 바로 진정성을 당신의 무기로 만들어야 한다. 진정성은 사람들의 마음을 끄는 구석이 있다. 진정성이 있으면 사람들은 당신의 됨됨이를 보고 특별한 관계를 맺고 싶어 한다. 있는 그대로의 모습을 보여주고 있다고 생각하기 때문이다.

사기꾼들은 사기꾼다워서 사람들의 주머니 속에서 돈을 빼내었다. 설령 나쁜 짓이라고 해도 그 순간만큼은 누구보다 최선을 다했다. 최선을 다하는 진정성에 사람들은 감동을 받아 사기를 당한 줄도 모르고 오히려 감사하다는 얘기까지 한다. 감동을 받은 사람은 마음을 움직일 수밖에 없다. 세상에서 가장 어려운 일은 사람의 마음을 움직이는 일이다. 장소, 사람, 분위기 등 모든 것이 완벽할 때 사람의 마음을 움직일 수 있기 때문이다. 사기꾼들의 거짓 진정성을 통해 목표를 달성할 것처럼, 당신의 진짜 진정성을 통해 원하는 것을 꼭 이루기를 진심으로 바란다.

사람들은 하버드대, 대기업, 노벨상 등 권위에 반응 한다

_명성

명성에 대한 애착은 현자마저도 결코 포지하지 못하는 것이다.

– 타키투스(로마의 정치인, 역사가)

권위에 사람들은 반응한다. 의사, 약사, 변호사, 교사 소위 '사'짜라는 전문직을 아직까지는 직업으로서 인기가 있다. 그 직업을 갖게 되었을 때 '성공했다'라고 자신 있게 표현할 수 있기 때문이다. 또한 권위를 가졌을 때 명성을 얻게 되고 그러면 성공은 따라오는 것이기 때문이다. 그래서 고3 수험생들 중 상위권에 해당하는 학생들은 여전히 의대, 사범대를 가장 1순위로 두고 있다.

명성이 있는 사람이 책을 한 권 저술하게 되면 불티나게 팔린다. 비록 인기가 없는 분야라고 해도 사람들은 관심을 갖는다. 심지어 대한민국의 트렌드를 바꿔버린다. 인문학이라는 분야 자체가 생소

하던 시절이 있었다. 인문학이 왜 중요한지, 인문학이 우리의 삶과 어떤 연관성이 있는지, 인문학을 통해 무엇을 만들어 나갈 수 있는 지 등 깊은 고민이 없었다. 그 때 하버드 현직 대학 교수로 재직을 하고 있는 마이클 센델의 책 한 권이 출간이 된다. 바로 '정의란 무엇인가'이다. 이 책 한 권으로 대한민국 트렌드를 바꿔버렸다.

인문학이 중요하다는 사실을 인식하고 국가도, 기업도, 개인도 인문학에 초점을 맞추기 시작한 것이다. 사무적이고 딱딱한 회사 는 자신들만의 독특한 문화를 만들어 내기도 하고 사람 중심의 제 품을 만들어 나가기 시작했다. 개인들은 '행복이란 무엇인지', '정의 를 통해 어떤 삶을 살고자 하는지' 등 다소 철학적인 주제로 모임을 갖기도 하고 돈보다 더 중요한 것이 무엇인지에 대한 가치를 스스 로 발견하기도 했다.

스티브 잡스는 "우리가 창의적인 제품을 만든 비결은 항상 기술 과 인문학의 교차점에 있고자 했기 때문입니다"라고 했다. 인문학 이 중요한 줄은 알았지만 접근하기 힘들고 어려운 학문이라고 생각 했기 때문에 멀리했었다. 하지만 하버드 대학 현직 교수로 인해 인 문학의 열풍을 만들었던 것이다.

명성이 주는 영향력은 다른 곳에서도 찾아볼 수 있다. 대한민국 에서 최고 대학인 서울대 현직 교수이자 청춘들의 멘토로 알려진 김난도 교수는 '아프니까 청춘이다'라는 책으로 베스트셀러에 오르게 된다. 제2의 IMF라는 소리가 있을 정도로 너무 사회가 어렵다. 한 시대를 호령했던 이른바 '베이비부머' 세대는 노후 준비가 안 되어서 걱정과 고민으로 하루를 보내고 청년들은 취업과 합격이라는 목표를 가지고 하루를 보낸다. 그래서 누군가에게는 위로를 받고 싶고 힘내라는 말을 듣고 싶었을 것이다. 그러나 대부분이 힘들기 때문에 그 말을 해줄 수 있는 사람들마저 여력이 없었다. 그래서 책을 통해 치유를 받게 된다.

'아무리 어려워도 사람마다 피는 시기가 다르기 때문에 걱정하지 말고 묵묵히 걸어가라.'라고 김난도 교수는 말한다. 책이 반응한 이유는 너무나도 힘들 청춘들의 마음을 치유하고자 쓴 책이 공감이 됐기 때문이다. 하지만 더욱 중요한 것은 '서울대 출신의 교수'가 말을 했기 때문이다. 이처럼 명성이 주는 영향력은 눈에 보이지는 않지만 문화를 바꾸고 트렌드를 바꾼다. 그렇기 때문에 사람들은 명성을 얻기 위한 노력을 하는 것이다.

'멈추니까 비로소 보이는 것들', '젊은 날의 깨달음'의 저자 혜민 스님도 마찬가지이다. 겉으로만 보았을 때에는 스님이다. 스님이라고 하면 어떤 생각이 드는가. 속세를 벗어서 깊은 산 중으로 들어가 목탁을 두드리는 모습이 상상되지 않는가. 옷이 낡으면 꿰매서 입고 음식은 남기지 않으며 늘 규칙적인 생활을 하는 분, 혜민 스님도 그 중 하나이다. 그러나 약력을 자세히 보면 보통의 내공을 가지 사람은 결코 아니다. 미국의 대학교에서 7년간 교수로 재직을 하였고 하버드대학교에서 석사, 스탠포드에서 박사를 취득하신 그야말로 천재 스님인 것이다. 자신이 가지고 있는 생각을 현대인들에게 얘기하면서 마음속의 상처를 치유해 주어야겠다고 생각을 해서 방송에 등장하기 시작을 했다고 한다. 이것은 화려한 학력의 스님이었기 때문에 가능했던 것이다.

방송을 통해 직접 대중들에게 하는 메시지는 그야말로 돌풍을 일으켰다. "행복을 돈이나 일의 성과에서 찾으려 하기 보다는 지인들과의 따뜻한 만남 속에서 찾으려 해보세요. 돈이나 성과는 일정 목표가 달성되어도 곧 목표가 재설정되지요. 그래서 행복이 닿을 듯 말 듯 닿지 못하는 신기루가 됩니다. 반면 따뜻하고 끈끈한 만남은 미래가 아닌 지금 여기서 느낄 수 있어요. 삶이 가져다주는 행복과 슬픔을 공유할 수 있는 친구들을 많이 만들어놓는 것이 행복의 지름길입니다."

– 출처 : 완벽하지 않는 것들에 대한 사랑

특히 스님의 길을 걷지 않았다면 정말 유명한 학자가 되었을 수도 있는데 모든 것을 내려놓고 고난의 길을 선택한 것도 한 몫 했다.

혜민 스님은 자신의 블로그와 SNS를 통해 늘 깨달음을 주는 글 귀를 올리곤 한다. 종교를 뛰어 넘어 현재 살아가고 있는 수많은 사람들의 희망을 이야기하기 때문에 타 종교를 가진 사람도 부담 없이 그의 말을 들어준다. 성공과 명예를 내려놓아서 더 많은 명성을 얻게 된 혜민 스님. 어쩌면 진정한 성공은 말 한 마디에도 사람들의 마음을 요동치게 할 수 있는 힘을 가진 사람이 아닐까 한다. 아무리 조용히 지내고 싶어도 실력 있는 사람들은 드러날 수밖에 없다. 명성을 쫓는다고 해서 명성을 얻을 수 있는 것도 아니다. 유명했으나 지금은 잊혀진, 그러나 다시 떠오르게 된 대표적인 인물이 있다.

미국의 싱어송 라이터, 시인, 화가이면서 대중음악 역사상 가장 영향력 있는 음악가 중 한명인 밥 딜런이다. 점점 잊혀져가는 존재로 생각되었던 그가 핫 이슈를 몰고 온 이유는 바로 '노벨 문학상'을 수상했기 때문이다. 전문 문학인은 아니지만 그의 노래 가사는 '귀를 위한 시'라고 얘기할 정도로 매우 시적 표현이 많다. 노래를 부르는 가수가 노벨 문학상을 받는 것 자체만으로도 놀라운 뉴스였지만 그 상이 주는 권위에 사람들은 반응을 하게 되었다. 특히 한국의 젊은 사람들은 밥 딜런이 누구인지조차 모르는 사람들이 많았다. 그러나 이번 계기를 통해 많은 사람들 기억 속에 다시 자리하게 되었다. 그리고 그가 만든 음악들은 또 한 번 히트를 치게 되었다.

이처럼 사람들은 권위에 반응을 하고 권위 있는 사람들은 명성을 갖게 된다. 하버드, 노벨상, 서울대, 대기업, 임원 등 권위는 하나의 무형의 자산이자 자신을 내세울 수 있는 브랜드인 것이다. 실제로 당신도 권위를 갖기 위해 노력을 하고 있다. 바로 '스펙'이라는 다른 이름으로 말이다. 스펙은 취업과 합격을 하려고 하는 사람들에게만 존재하는 것이 아니다. 취업을 한 사람들은 승진이라는 것을 하기 위해 스펙을 쌓아가야 한다. 이직을 원하는 사람도 가고자 하는 회사의 조건을 맞추기 위해 지금 다니는 회사에서 스펙을 쌓아가고 있는 중이다. 남들보다는 다른, 남들보다는 상위에 있어야 자신을 드러낼 수 있고 취업과 합격을, 승진을, 이직을 보장받기 때문인 것이다. 하지만 자칫 권위에 대해 맹목적인 맹신은 위험할 수가 있다. 아인슈타인도 '권위에 대한 생각 없는 존경심이 진실의 가장 큰 적이다.'라고 이야기를 했다. 스펙을 만들기 전에 '내가 왜 지금 이 공부를 하고 있는지', '누구를 이기기 위함인지, 아니면 나의 자기계발을 위함인지', '내가 정말 원하는 것인지' 등 인문학적 생각이 결합이 되었을 때 비로소 진정한 명성을 얻을 수 있게 되는 것이다.

명성이라는 것은 한 순간에 쌓아지지는 않는다. 수많은 결과물들을 통해 사람들에게 인정을 받고 알려져야 비로소 명성을 얻을 수가 있는 것이다. 반대로 한 순간에 무너뜨리는 것은 순식간에 가능하다. 투자의 귀재 워렌 버핏은 "명성을 쌓는 데는 20년이란 세월이 걸리며, 명성을 무너뜨리는 데는 채 5분도 걸리지 않는다. 그걸 명심한다면, 당신의 행동이 달라질 것이다."라고 했다. 명성을 얻기 위한 노력도 중요하지만 명성을 유지하기 위한 노력도 중요하다는 것이다.

마지막으로 명성을 유지하기 위해서는 '인품'이 있어야 한다. 인품이라는 것은 올바른 인성을 가지고 행동하는 것을 의미한다. 88연승의 비밀의 저자이자 미국 농구 감독으로 최고점을 찍은 존 우든의 말이다.

"너의 명성도 중요하지만 너의 인품에도 주의를 기울여라. 명성은 단지 다른 사람들이 너를 어떻게 생각하는지를 보여주지만, 너의 인품은 너의 진정한 모습을 보여준다."

하버드, 서울대, 노벨상처럼 당신만의 인품을 통해 세상의 하나뿐인 브랜드가 되기를 바란다. 누군가는 당신의 명성에 반응을 하게 될 것이다.

진짜 실력을 갖춘 사람은
드러내지 않아도 드러난다

_ 진짜 실력

미인은 비록 문 밖에 나오지 않으나 많은 사람이 만나기를 원한다.
이름을 드러내기보다 내실을 기르라.

– 명심보감

하와이와 오스트레일리아 중간에 위치해 있고 울릉도의 3분의 1 크기로, 세계에서 가장 작은 나라 중 하나인 나우루라는 공화국이 있다. 지도에도 잘 나오지 않을 정도로 미지의 섬이기도 하다. 나우루는 1980년대에 1인당 국민 소득이 평균 3만 달러를 자랑했다. 당시 우리나라의 국민 소득은 고작 2천 달러 수준이었고 심지어 미국과 일본도 그 당시 1만 달러 수준이었다. 미국과 일본 보다 3배, 한국보다 무려 15배 이상 잘 사는 나라였던 것이다.

이 낙원 같은 섬나라를 부자로 만들어 준 것은 '앨버트로스'라는 바다 새의 새똥이었다. 바다 새의 새똥이 오래고 오랜 세월, 산호초

위에 쌓여서 만들어진 인광석이 바로 효자 상품이 된 것이다. 인광석은 농업비료에 필수 원료로 알려져 그것을 수출하는 것으로 태평성대를 누리게 된다. 예를 들어 인광석을 채굴하는 신탁 회사들의 로열티를 계속 지급받게 되자 통장에 돈이 쌓이게 된다. 나우루 사람들은 자가용 비행기를 타고 피지나 하와이, 싱가포르로 매일같이 쇼핑을 하러 다녔다. 도로도 한 개 뿐인데 너도나도 람보르기니, 포르쉐 같은 고가의 자동차를 타고 다녔다. 그 작은 섬에 여객기만 9대, 주유소는 29개나 있었다.

심지어 걸어 다니기 귀찮게 되자, 얼마 안 되는 거리도 차를 타고 다녔으며, 마트에서 쇼핑하기도 귀찮아서 차를 몰고 마트 앞에 가서 전화하면 종업원이 지정한 물건을 들고 나올 정도였다. 집 안을 살펴보면 각종 가전제품, 심지어 그 당시에는 부자들만 가질 수 있던 컴퓨터나 게임기도 있었다. 국민들은 손 하나 까딱하지 않고, 이들이 서비스를 제공받기 위해 필요한 노동력은 전부 외국인 노동자로 때웠다. 세금도 없고 주택도 학비도 유학 경비도 병원도 모두 국가에서 대주었기 때문에 모든 것이 공짜였다. 빈들거리며 먹고 마시기만 하던 나우루의 사람들은, 남자의 97퍼센트, 여자의 93퍼센트가 비만 또는 과체중에 걸리게 된다. 하지만 인광석은 무한정 있는 것이 아니다. 곧 바닥을 드러내기 시작을 했다.

가장 기본적인 노동마저 외국인 노동자를 통해서 이루어졌기 때문에 실제로 그들이 할 수 있는 것은 아무것도 없었다. 능력과 실력을 키우지 않고 안주하던 나우루 공화국은 결국 폐망의 길로 접어들게 된다. 그리고 현재, 지구 온난화로 인해 한 세기 안에 바다에 잠기게 된다고 한다. 또한 90퍼센트 이상의 국민들이 실업인 상태로 앞으로 미래가 불투명하게 되었다.

- 출처: 나우루 공화국의 비극

나우루 공화국처럼 자원이 바닥을 드러내도 그것을 유지하고 다시 만들 수 있는 것이 진짜 능력이자 실력이다. 겉으로만 화려하고 현실에 안주하게 되면 나우루 공화국처럼 패망의 길을 걷게 될 것이다.

대한민국 기업 중에서 이와 비슷한 사례가 있었다. 브랜드 론칭 1년 만에 100번째 매장 돌파, 연 매출 400억 원이 넘는 회사가 있었다. '스베누'라는 회사의 이야기이다. 그 회사의 모델은 당시 최고의 몸값을 자랑했던 가수 설현, 국민동생 아이유 등 유명 연예인들이었다. 엄청난 공격적인 마케팅으로 20대들에게 인기를 한 몸에 얻게 되었다. 회사 매출은 지속적으로 상승했다. 한 번 열풍이 불기 시작하니 마니아층이 생겨나서 스베누 신발을 수집하는 사람들까지 생겨났다. 심지어 한국에서의 인기를 바탕으로 해외 시장에 진출을 준비하고 있었다. 거침없이 상승하는 매출 곡선을 보면 계속 성공 가도를 달릴 것만 같았다.

특히 더욱 놀라운 점은 스베누를 창업하고 경영하고 있는 CEO 는 불과 20대라는 사실이다. 그래서 한국의 모든 청년들이 스베누의 성공적인 모습을 닮고 싶어 했다. 청년들에게 '한국에서 20대도 창업을 통해 성공할 수 있다'는 믿음을 주었다. 하지만 지금은 존재하지 않는 회사다. 창업한지 2년 만에 폐업을 선언하고 역사 속으로 사라지고 말았다. 스베누는 정말 많은 사람들에게 사랑을 받은 제품이었다. 그런데 왜 2년 만에 폐업을 선언하게 된 것일까? 대기업의 자본에 밀려 살아남지 못한 것일까? 아니면 소비자들이 디자인에 싫증을 느끼고 재구매가 일어나지 않았기 때문일까?

아무리 대기업의 자본으로 밀고 들어와도 소비자들의 선택으로 제품은 팔리는 것이다. 또한 디자인이 좋지 않으면 당연히 외면 받게 되어 있다. 그러나 스베누는 디자인도 경쟁 제품들과 비교했을 때 전혀 뒤지지 않았다. 또한 유명 연예인들을 내세워 엄청난 홍보도 통했었다. 문제는 홍보와 보여 지는 것만 화려했다는 것이다. 또한 디자인을 도용했고 대금 미지급과 같은 내부적인 문제가 있었다. 기업에서 가장 중요한 가치는 바로 도덕성이다. 삼성도 도덕적인 문제로 인하여 총수가 구속되는 사태가 발생하지 않았던가? 그로 인해 '삼성'이라는 브랜드에 엄청난 타격을 주었고 수천억 원 이상의 타격을 입게 되었다. 동종업계 브랜드에서 스베누를 상대로 '디자인 카피 의혹'을 제기한 것이다. 인터넷에는 스베누 신발과 스베누가 카피한 신발을 비교한 사진들이 떠돌아다니기 시작했다. 스베누 측에서는 "스베누 신발 디자인팀은 론칭과 동시에 꾸려진 팀으로 타사와 같이 디자인 용역을 따로 두지 않을 뿐만 아니라, 전국 착화조사 및 시장조사, 트렌드조사, 선호도 조사 등을 거쳐 디자인 스케치만 한달 이상이 소요된다."라고 디자인 카피 의혹에 대해 해명을 했다. 그럼에도 불구하고 신뢰를 잃은 회사는 순식간에 매출이 떨어지고 말았다. 과도한 마케팅에 비해 내부를 챙기지 못한 스베누는 결국 폐업을 하고 말았다.

나우루 공화국과 스베누의 사례를 보았듯 당신이 진짜 출세하고 더 높이 날고 싶다면 진짜 실력을 기르기 바란다. 다시 말해서 '가짜 공명심'을 내려놓을 수 있어야 한다. 공명심이라고 하는 것은 출세욕과 관련이 있다. 무엇인가 공을 세워 이름을 알리고 싶은 마음이다. 그런데, 대한민국은 특유의 보여 지는 문화 때문에 '가짜 공명심'이 판을 치고 있다. 분명 국민 소득 2만 달러 시대인데 4만 달러 이상인 것처럼 하고 다닌다. 나의 소득 수준으로는 경차를 몰아도 충분한대 무리를 해서 중형차를 구매한다. 명품 정장을 입을 수준이 아직 아님에도 불구하고 영업을 하는 직업을 가졌다는 이유로 빚을 내서 정장을 구매를 한다. 바로 옆 나라인 일본만 보더라도 중형차 보다 경차가 훨씬 많다. 우리보다 소득이 두 배 높음에도 말이다. 대한민국 특유의 보여 지는 문화가 마치 내가 그 수준인 것처럼 착각을 하게 만드는 것이다. 물론, 한 번 사는 인생인데 라며 좀 더 좋은 것을 입고, 먹고, 타고 싶은 것은 사실이다. 하지만 실력에 비해 너무 과도하게 자신을 포장하고 치장하는 행위는 자신의 브랜드에 위협적인 요소가 될 수 있음을 명심하기 바란다. 아무리 대기업 임원이라고 하더라도 정년퇴임을 하게 되면 대한민국 국민 중 한 사람일 뿐이다. '나 예전에 대기업 임원이었는데'라는 말을 하는 것이 무슨 소용이겠는가.

진짜 공명심을 가진 사람은 예전에 대기업 임원이었는데 라는 말을 하지 않아도 주변 사람들이 알아서 알아주게 되어 있다. 진짜는 아무리 숨기려고 해도 드러나는 법이기 때문이다. 진짜는 자신의 입으로 드러내는 것이 아니라 주변 사람들이 치켜 세워준다. 당신은 진짜 실력을 기르기 위해 노력해야 한다. 지금 다니는 회사, 수준에 맞지 않는 소비를 통한 연출은 순간임을 명심해라. 아무리 빚을 내어 좋은 차와 좋은 집에 살고 있다고 하더라도 당신이 진짜가 아니면 신기루에 불과하다. 진짜 본질을 가질 수 있는 실력을 갖기를 바란다. 그것이 당신의 브랜드를 더욱 가치 있게 할 것이다.

콘셉트가 없는 브랜드는 아무리
훌륭해도 금방 잊혀 진다

_콘셉트

종소리처럼 맑고 분명해라.

– 존 레이(영국의 박물학자)

경제협력개발기구(OECD)에서 발표한 내용을 보면 상상을 초월한다. 조작을 했다고 생각할 정도로 대한민국 불명예 1위가 많다. 자살률 1위, 의료비 증가율 1위, 가계부채 증가율 1위, 노인 빈곤율 1위, 교통사고 발생건수 1위, 아동 삶의 불만족도 1위 등 절대 1위가 되어서는 안 될 부분에 1위를 기록하고 있다. 그 중에서 눈 여겨 봐야 할 것이 있다. 창업 관련된 부분이다. 정부와 기업에서 '창조경제'를 내세워 청년들에게 적극적인 지원을 하고 있다. 참신한 아이디어를 가지고 있는 사람이라면 누구나 창업을 할 수 있는 길이 열렸기 때문이다.

그래서 청년들은 창업 열풍에 너도 나도 창업을 하고 있다. 그러나 창업 생존율마저 최하위를 기록 중이다. 물론 아직 창업을 권장하는 시장이 미국 실리콘밸리나 이스라엘처럼 활성화가 되지 않았고 시스템이 확립되지 않는 것은 사실이다. 그러나 실업난의 증가와 더불어 도전과 열정을 감수하는 청년이 늘어남에 따라 창업을 하는 사람들은 늘어나고 있다. 문제는 창업을 하고 나서이다. 현대경제연구원에 따르면 우리나라 신생 기업의 75퍼센트 이상이 5년 이내에 폐업했다. 10년 이상 사업을 지속한 기업은 8퍼센트에 불과했다.

또한 한국무역협회 국제무역연구원 발표에 의하면 우리나라 창업기업의 창업 3년 후 생존율은 40퍼센트로, OECD 17개 주요 회원국 가운데 최하위에 그쳤다. 10개 기업이 창업했다면 3년 뒤 4개 기업만 살아남는다는 의미다. 그만큼 창업으로 성공을 한다는 것은 정말 어려운 일이다. 특히 대한민국은 지금의 대기업들로 인해 고속 성장한 국가이다. 겉으로는 경제대국을 표방하고 있지만 기형적인 산업구조로 인해 스타트업 회사들은 물론이고 중소기업도 경영을 지속하기가 힘든 실정이다.

그럼에도 불구하고 어려운 환경을 극복하고 창업에 성공하여 승승가도를 달리고 있는 기업이 있다. 대한민국 국민 중 스마트폰을 가진 사람이라면 한 번쯤 써보았을 카카오톡을 만든 카카오 그룹이다. 지금은 다음이라는 기업과 합병을 하여 손에 꼽히는 IT기업이 되었다. 2010년 3월 카카오톡이 처음 나왔을 때, 대한민국 문화에 신선한 충격을 가져왔다. 문자를 주고받는 것이 무제한 무료였던 것이다. 그들은 단순히 무료문자 서비스를 했던 것은 아니었다. 그들은 '공짜 마케팅' 이라는 기본 콘셉트를 가지고 있었다. 그래서 적자가 지속적으로 나고 있음에도 불구하고 문자 서비스를 유료로 전환을 하지 않았다. 무료이고, 편리하고, 사용자 환경이 단순하면서 명확하기 때문에 이용자들은 늘어나게 되었다. 그들을 통해 수익을 창출하는 방법을 생각을 했고 게임, 광고, 쇼핑 등을 통해 수익을 창출하게 된다.

당시 수많은 동종 어플리케이션이 있었음에도 불구하고 어떻게 카카오톡은 마지막까지 살아남았을까? 사용자들의 귀를 기울이면서 일관성 있는 콘셉트로 방향성을 잡아갔기 때문이다. 아무리 포화상태의 시장에서 경쟁을 하더라도 분명 살아남는 회사는 살아남는다. 아무리 뛰어난 기술을 가졌어도 애매모호하면 이내 사라지고 마는 것이다. 그렇다면 콘셉트를 잘 잡기 위해 무엇이 필요할까?

첫째, 심플하게 설명이 가능해야 한다. 전 GE 회장이었던 잭 웰치는 이렇게 얘기를 했다.

"자신 있는 사람만이 심플해질 수 있다." 한 분야에서 최고의 자리에 가 본 사람들은 한 문장으로 설명이 가능하다. 국민MC 하면 유재석, 오마하의 현인 하면 워렌버핏, 문화대통령 하면 서태지, 휴대폰 판매사원에서 월드스타가 된 폴포츠, 아이언맨의 실제 주인공 앨론 머스크, 외식업계의 마이다스 손 백종원 등 하나의 단어 또는 한 문장으로 설명이 가능하다. 당신도 한 문장으로 설명이 가능해야 한다. 카카오톡 하면 '무료문자 서비스'가 바로 떠오르는 것처럼 당신만의 색깔을 명확하게 드러낼 수 있어야 한다. 영국의 해군 제독이었던 존 플랭클린도 "단순함이 극단까지 이르면 우아함이 된다."라고 했다. 아직 최고의 자리에 오르지 않았지만 최고의 자리에 오른 당신의 모습을 생각하면서 한 문장으로 당신의 문장을 만들어보기를 바란다.

둘째, 다른 경쟁자들과 차별성 보여줄 수 있어야 한다. 어느 종이컵의 일화이다. 어느 날 커피를 뽑아 마시다가 문득 종이컵에 눈길이 갔다. 컵에는 동전을 넣는 손 그림과 함께 이런 메시지가 있었다. "자판기 인생, 당신은 돈을 넣어야 움직입니까? 사명으로 움직입니까?" 깜짝 놀랐다. 종이컵에서 이런 메시지를 보게 될 줄은 몰랐던 것이다. 반대쪽에는 이런 글이 적혀 있었다. "세계적인 무용가 마사 그레이엄은 이렇게 말했다. 이 세상에서 절대 용납할 수 없는 것이 있는데, 그것은 평범이다. 우리가 자기계발을 하지 않아 평범해진다면, 그것은 죄악이다. 사명으로 움직이는 사람들은 평범해질 틈이 없다." 놀랍게도 한 패키지에 들어 있는 종이컵 30개의 메시지가

모두 다 달랐다. 이 종이컵의 콘셉트는 명확하다. '콘텐츠 종이컵!'

　일반적인 종이컵은 아무 그림이 없거나 회사 로고가 새겨져 있다. 커피 한 잔을 먹다가 다 마시게 되면 사람들로부터 버림을 받게 되는 일회성 존재이다. 하지만 사람들에게 영감을 주는 문구를 넣음으로서 하나의 컨텐츠를 만들게 되었다. 다른 종이컵과의 차별화를 통해 성공하게 된 것이다. 이처럼 차별성을 어렵게 생각해서는 안 된다. 사소하게 생각했던 종이컵도 차별성을 줄 수 있는 것처럼 남들보다 내가 좀 더 잘할 수 있는 것을 찾으면 된다. 없으면 만들면 된다. 그것이 차별성이다. 한국 최초 프리미어리거 박지성은 축구를 하기 최악의 조건인 평발을 가졌다. 그러나 그는 연습량으로 평발을 극복할 수 있었다. 그리고 영국 최고 구단인 멘체스터 유나이티드에 입단을 하게 되었다. 평발임에도 극복했다는 사실, 그것이 차별성이다. 나는 원래 이런 사람이야 라는 생각 자체를 내려놓고 무엇으로 나를 차별화시킬 것인지 돌아보자.

　셋째, 일관성이 있어야 한다. 미국 캘리포니아에 본사를 두고 있는 탐스 슈즈라는 회사가 있다. 창립 당시부터 일대일 기부공식 슬로건을 가지고 시작을 했다. 소비자가 한 켤레의 신발을 하면 한 켤레의 신발을 제3세계 어린이들에게 기부하는 식이다. 정확한 콘셉트로 회사는 성공가도를 달리게 되었다. 더 나아가 의학적 서비스까지 제공을 한다고 한다. 만약 이 회사가 사람들의 이목을 끌기 위해 잠시나마 일대일 기부공식 프로그램을 진행했다면 지금의 회사가 될 수 있었을까? 초심을 잃지 않고 시간이 갈수록 더 많은 것을 베푸는 기업의 모습을 보면서 사람들의 머릿속에는 '좋은 신발을 만들어서 사회에 봉사하는 위대한 기업'으로 인식을 하게 된 것이다. 단, 일관성도 시대적인 흐름을 놓쳐서는 안된다. 대표적인 예가 핀란드에서 창립한 노키아라는 업체이다. 미래에 대한 안일한 마케팅과 뒤쳐진 트렌드는 결국 망하게 된다는 것을 보여준 회사이다. 한 때 전 세계 휴대폰 시장 1위를 점유했던 기업이었다. 하지만 스마트폰의 위협, 안드로이드의 위협이 결코 크지 않을 것이라는 판단으로 자신들만의 일관된 고집을 밀고 나갔기 때문에 몰락의 길을 걷게 되었다. 변화의 흐름에 함께 걸어 나가면서 일관성을 유지해야 살아남는다. 당신의 브랜드가 시대적인 사명을 띠고 있는지 지속적인 점검을 할 필요가 있는 것이다.

카카오 그룹은 '언제나 연결되어 있는' 이라고 심플하게 설명이 가능한 회사이다. 그리고 문자서비스, 캐릭터, 게임, 핀테크 등의 차별성이 분명하고 '새로운 연결, 더 나은 세상'이라는 변화의 흐름에 맞게 일관성 있는 비전을 가지고 있다. 현재 메신저, 메일, 카페, 게임, 택시, 지도, 버스, 지하철, 내비, 플레이스, 핀테크, 인공지능, 캐릭터 사업 등 늘 새로운 영역에 도전하며 그 세력을 점점 키우고 있다. 70억 인구 속에 한 명으로 살아가고 있는 당신을 사람들이 어떻게 기억해주기 바라는가. 친구들 사이에서 단지 재미있는 사람, 조용한 사람처럼 평범한 사람 중 한 명으로 기억되기를 원하는가. 아니면 개그맨을 웃길 수 있는 사람, 오바마 전 대통령보다도 연설을 잘하는 사람처럼 비범하게 기억되기를 원하는가. 모든 프로그램을 기획하는 기획자들은 작품, 인물, 배경, 시간 등 콘셉트를 잡는 것에 50퍼센트 이상의 시간을 할애를 한다. 콘셉트가 잡히면 나머지는 순탄하게 흘러가기 때문이다. 1년이 걸리든 10년이 걸리든 상관이 없다. 콘셉트만 잡히면 당신의 앞길은 순탄대로가 될 것이다.

자신만의 원칙이 성립될 때
브랜드는 단단해진다

_정체성

최고의 거만함은 거만함을 전혀 드러내지 않는 것이다.

– 볼테르(프랑스의 작가, 사상가)

투자의 귀재이자 '오마하의 현인'이라고 불리는 워렌 버핏. 그의 회사 버크셔 해서웨이의 주주들에게 보낸 편지를 통해 주주들에게 투자 조언을 했다. 그 내용을 경제전문지 〈포춘〉지에서 공개를 했다.

① 자신의 한계를 인정하라.

② 투자 대상의 미래 생산성에 집중하라.

③ 생산성에 집중하지 않는 투자는 모두 투기이다.

④ 주가 변동에 신경 쓰면 실패한다.

⑤ 전문가들의 분석은 시간낭비에 불과하다.

⑥ 주식시장은 비이성적 행동을 종용한다.

⑦ 미래 소득을 추정할 수 없다면 과감히 포기하라

⑧ 비전문가는 인덱스 펀드에 투자하라

⑨ 장기간에 걸쳐 매수하고 함부로 팔지 마라.

전 세계에서 가장 주식 투자를 잘 한다고 하는 사람의 원칙이다.

하지만 워렌 버핏은 겉으로 보기에는 많은 돈을 번 것처럼 보이지만 실제로 막대한 피해를 입기도 하였다. 화려해 보이는 그의 실적 이면에는 피 눈물 나는 역사가 함께 존재했던 것이다. 그런 과정을 통해 자신만의 원칙이 생기게 되었고 원칙 중심의 투자로 80대가 넘은 나이임에도 불구하고 현역에서 생활을 하고 있는 것이다. 그리고 자신의 원칙은 하나의 정체성으로 자리를 잡게 된다. 정체성은 무엇인가? 변하지 않는 본질이자 고유의 실체이다. 사람마다 지문이 모두 다른 것과 같다. 그 정체성은 시간이 지남에 따라 오직 자신만의 향기를 갖게 되고 사람들은 그 모습에 열광을 하는 것이다. 워렌 버핏의 투자 원칙처럼 말이다. 남들이 대신 해 줄 수 있는 것이 아니고 오직 나만이 만들어갈 수 있는 실체이다.

그런 정체성을 만드는 가장 핵심 가치 중 하나가 바로 원칙을 세우는 것이다. 가슴 한켠에 회사의 로고가 새겨진 옷을 똑같이 맞추어 입는 이유가 무엇일까? 전통과 역사가 있는 학교를 그렇지 않는 곳보다 추종하는 이유가 무엇일까? 대한민국의 남자로 태어나면 국방의 의무를 다해야 하는 이유는 무엇일까? 남자는 남자 속옷을 입고 여자는 여자 속옷을 입는 이유가 무엇일까? 정체성은 브랜드에 있어서 심장과 같은 것이라 할 수 있다. 만약 정체성이 없었다면 이스라엘이라는 나라는 세워지지 않았을 것이다. 유대인의 뿌리 깊게 박힌 그들만의 원칙이 살아 있었기 때문에 지금의 위치에 국가가 세워진 것이다.

당신은 지금부터 원칙을 중심으로 정체성을 만들어 가야 한다. 그 어떤 것보다도 차별화 전략을 세울 수 있는 것이 바로 정체성이다. 심장과 같은 정체성이 살아있다면 황무지에서도 싹을 틔울 수 있다. 후발주자라고 할지라도 고유의 문화를 만들어 간다면 그것은 문제가 되지 않는다. 주체적 경험이 누적이 되면서 정체성은 단단해지게 되는 것이다. 그것을 깨닫는다면 시행착오를 더 많이 겪는 것이 어쩌면 당신에게 도움이 될 수도 있다. 따라서 지금 앞이 보이지 않고 브랜딩을 이제부터 만들기 시작했다면 시작해보기를 바란다.

'원칙중심의 리더십' 이라는 책을 쓴 스티븐 코비도 "존경받는 내면의 힘과 진정한 리더십을 어기 위해서는 원칙을 삶의 중심에 놓아야 한다. 원칙 중심의 삶이야말로 혼돈과 변화의 격렬한 물살 속에서 흔들리는 우리에게 삶을 제대로 세울 수 있는 가장 안정적이고 움직이지 않고 흔들리지 않는 기초가 되어 주기 때문입니다."라고 했다.

흔들리지 않는 기초가 되었을 때만 자신의 정체성을 확립할 수 있다. 그가 얘기한 원칙은 다음과 같다.

① 끊임없이 배운다.
② 서비스 지향적이다.
③ 긍정적 에너지를 발산한다.
④ 다른 사람을 믿는다.
⑤ 균형 잡힌 삶을 산다.
⑥ 인생을 모험으로 여긴다.
⑦ 시너지를 활용한다.
⑧ 자기 쇄신을 위해 노력한다.

스티븐 코비처럼 한 분야에 성공하고 두각을 나타내고 남들과 차별화된 전략을 가졌던 사람들은 분명한 원칙을 가지고 있다. 그도 주체적 경험을 통해 원칙을 만든 것이고 정체성을 확립했던 것이다.

세계적으로 유명한 기업들도 그들만의 원칙을 통해 정체성을 가지고 있다. 그 정체성은 회사가 나아갈 방향이 되고 문화가 되기 때문이다. 가장 대표적인 기업인 구글의 원칙은 다음과 같다.

① 직원들의 삶, 일, 꿈을 위할 것입니다.

② 천분의 일초까지 헤아립니다.

③ 단순한 것이 더 강력합니다.

④ 초보자에게는 더 많은 경험을 제공하고 숙련자는 더욱 숙련자로 키웁니다.

⑤ 혁신을 두려워하지 않습니다.

⑥ 모두를 위한 설계를 합니다.

⑦ 늘 오늘과 내일의 사업을 계획합니다.

⑧ 주의를 산란시키지 않고 눈을 즐겁게 합니다.

⑨ 사람들에게 확신을 주어야 합니다.

⑩ 인문학적 감성을 잃지 않아야 합니다.

구글의 원칙을 잘 읽어보면 세계 최고 기업 중 하나가 된 이유가 있지 않은가?

그 원칙은 단순하면서도 강렬하다. 구글 뿐만 아니라 애플, 코카콜라, 알리바바, 삼성전자, SK, 나이키, 아디다스 등 그 기업의 홈페이지나 창업자의 자서전, 혹은 광고를 자세히 봐보라. 그러면 각 기업들만의 원칙과 색깔이 보일 것이고 어떤 차별성을 가지고 미래를 이끌어 가는지를 볼 수 있을 것이다. 이처럼 원칙이 존재하는 사람과 기업은 분명한 정체성이 있기 때문에 유명해지고 오래도록 살아남았다. 그것은 국가도 마찬가지다. 국가들마다 법이라는 것이 존재를 한다. 법에 관련된 모든 것은 그 나라의 도덕적, 사회적 기준을 제시한 것이고 그것이 존재하기 때문에 유지가 될 수 있는 것이다. 즉, 개인도 기업도 국가도 원칙이 전제 될 때 유지되고, 지속되고, 극대화시킬 수 있는 것이다.

그렇다면 당신이 정체성을 확립할 수 있는 방법에는 무엇이 있을까?

첫째, 일주일동안 무슨 일이 있어도 이것만큼은 반드시 목표를 달성 해야 한다는 각오가 되어야 한다. 예컨대, '아무리 돌아가더라도 무단횡단은 하지 않겠다.', '만나는 사람들마다 먼저 인사를 하겠다.', '하루 20,000원 이상은 절대 쓰지 않겠다.' 등 무슨 일이 있어도 목표달성 할 수 있는 것들에 대해 쉬운 것부터 원칙을 정하는 것이다. 아무리 사소하다 생각할지라도 하루가 아닌 일주일을 지키는 것이 생각보다 어려울 수 있다. 하지만 그것부터 시작을 하는 것이 당신의 정체성을 만들어가는 과정이라고 생각을 하자.

둘째, 일주일동안 지킨 원칙을 한 달로 늘려보자. 금연을 계획한 사람이라면 3주를 더 버티면 되는 것이다. 다이어트를 하려고 매일 운동을 했던 사람이라면 3주를 더 하면 된다. 그렇게 자신의 원칙을 점점 확고히 하면서 목표달성을 해야 한다.

셋째, 한 달 동안 성공한 원칙을 중심으로 일 년으로 늘려보자. 만약 일 년 동안 무슨 일이 있어도 당신이 그 원칙을 지켰다면 당신의 정체성을 조금씩 알아갈 수 있게 될 것이다. 정체성은 변하지 않는 본질이자 고유의 실체라고 이야기를 했다. 지킬 수 있는 원칙이라면 당신의 정체성의 밑거름을 만드는 데 확실할 것이다. 비록 눈에 보이지는 않는 성질이지만 변하지 않는 실체이니 그렇게 원칙 중심의 정체성을 만들어가다 보면 당신의 브랜드는 무쇠보다 단단함을 갖게 될 것이다. 마지막으로 섬세하게 다듬는 작업을 하면 된다. 브랜드는 손에 잡힐 수 있는 무엇인가가 떠올라야 한다. 당신의 이름을 말하면 "믿고 맡길 수 있는 사람" 혹은 "누구든지 연결이 가능한 사람"처럼 한 문장으로 머리에 자리를 잡아야 한다. 당신의 묵직함이 있는 브랜드를 통해 드러내지 않아도 드러날 수밖에 없는 사람이 되기를 간절히 바란다.

진정한 마케팅은 판매를 하는 것이 아니라 팔리도록 하는 것이다

_가치 판매

가격은 우리가 내는 돈이며, 가치는 그것을 통해 얻는 것이다.

– 워렌버핏(미국의 사업가)

"판매와 마케팅은 정반대이다. 같은 의미가 아닌 것은 물론, 서로 보완적인 부분조차 없다. 어떤 형태의 판매는 필요하다. 그러나 마케팅의 목표는 판매를 불필요하게 만드는 것이다. 마케팅이 지향하는 것은 고객을 이해하고, 제품과 서비스를 고객에 맞추어 저절로 팔리도록 하는 것이다."

경영학의 아버지 피터 드러커 학자가 한 말이다. 이는 마케팅의 대가 필립 코틀러도 다음과 같이 얘기했다.

"영리한 마케터들은 상품을 팔지 않는다. 그들은 고객에게 편의를 판매한다. 그들은 구매 가치뿐만 아니라 사용가치를 판매한다."

중요한 것은 상품에 그 답이 있지는 않다. 바로 상품을 둘러싸고 있는 모든 것들이 팔릴 수밖에 없는 시스템을 만드는 것이다. 위대한 석학들은 판매되는 물건에는 한계가 있고 팔리는 물건에는 한계가 없다는 것을 이미 마케팅의 이론을 알고 있다. 그들이 한 목소리로 얘기를 하는 것은 이 시대가 너무 경쟁이 심하기 때문이다. 라면 하나만 가지고도 수많은 종류가 나열되어 있다. 치약, 칫솔, 비누, 샴푸, 린스, 바디워시 등 목적은 같지만 브랜드도 다르고 가격도 다르다. 그렇기 때문에 팔릴 수 있는 전략을 갖는 것은 이 시대에서 반드시 요구되는 사항이라고 할 수 있겠다. 우리 생활 주변에도 이미 그러한 상품들은 상당하다.

삼성전자에서 출시한 '갤럭시'라는 휴대폰을 살펴보자. 왜 갤럭시는 초창기 모델부터 지금의 모델까지 끊임없이 판매가 되고 있을까. 갤럭시 제품은 안드로이드라는 OS를 탑재했다. 즉, 애플에서 제조한 아이폰을 제외하고 전 세계 판매량 10위안에 드는 제품들은 전부 안드로이드를 탑재 했다. 다시 말해서 당신이 전문가가 아니고 디자인에 큰 차이를 느끼지 못한다면 어떤 휴대폰을 사용해도 사용자 환경은 비슷할 것이다. 오히려 갤럭시는 다른 휴대폰과 같은 스펙이면 높은 가격에 속한다. 그럼에도 불구하고 전 세계 판매량이 1, 2위를 다툴 만큼 돌풍을 일으키고 있다. 그 이유는 세계적인 석학들이 얘기했던 것처럼 '사용 가치'를 판매했기 때문이다. 갤럭시 기기를 하나 구매했을 때 그 기기의 수명이 다 하는 날 까지 서비스를 받지 못할 일은 없을 것이다.

국내뿐만 아니라 해외에서도 많이 사용하고 있기 때문에 해외에서도 서비스를 동일하게 받을 수 있다. 그 뿐만이 아니다. 다른 삼성 제품들의 기기와 연동을 할 수 있다. 높은 가격 속에는 서비스 비용, 기기들을 연동할 수 있는 편리함, 전화 한 통으로 원격 서비스를 받을 수 있는 신속함 등 고객에 맞추어 저절로 팔리도록 한 것이다. 비용으로 보았을 때는 고가 정책일지도 모르지만 소비자들 입장에서는 사용 가치가 다른 기기보다 월등하다고 생각을 했기 때문에 선택했을 지도 모른다. 심지어 '갤럭시 노트7의 베터리 발화 사태'가 발생을 했음에도 '갤럭시'라는 브랜드가 역사 속으로 사라지지 않았다. 소비자들에게 진정성 있는 사과를 하고 그에 발 빠른 대처를 했다. 그래서 최소한의 신뢰만 잃게 되었다. 당시 피해액은 7조 원 이상이었다.

만들어놓은 폰까지 전부 폐기처분을 해야 했다. 또한 협력사들에게 피해액을 전부 보상을 해야 했고, 휴대폰 액세서리 제품들을 만들었던 소매업자들에게도 어느 정도 보상이 이루어졌다. 그리고 삼성전자 브랜드 가치의 하락으로 인해 주가는 폭락을 하게 됐다. 명성은 쌓기 어렵지만 신뢰는 순식간에 무너진다는 것을 볼 수 있었다. 그럼에도 불구하고 차기작 휴대폰 기기인 갤럭시8이 출시가 되기도 전에 주문은 폭주를 했다. 사전 예약자들의 주문이 밀려 들어와서 기존의 예상치를 압도했다. 그것은 무너진 명성을 뛰어넘는 사용 가치를 제공한 삼성만의 팔릴 수밖에 없는 전략이 있었기 때문이다.

게임 업체로만 보았을 때 마이크로소프트, 애플, 구글 보다 매출에서 이기는 회사가 있다. 바로 액티비전 블리자드라는 회사이다. 전 세계적으로 히트를 친 게임들이라면 블리자드를 거쳤을 정도로 엄청난 히트작을 배출한 기업이다. 그 중에서도 대한민국에 들어 온 지 무려 20년 가까이가 되었어도 식지 않는 인기를 가지고 있는 게임이 있다. 바로 스타크래프트이다. 스타크래프트는 1998년 대한민국의 IMF가 왔을 때부터 시작했다. 450만장의 게임이 팔리고 전국 PC방의 매출을 올릴 수 있는 효자 게임이었다. 하지만 대한민국이 압도적으로 유저가 많았다.

대한민국 사람들의 특성과 문화를 정확히 파악했기 때문이다. 첫째, 인터넷의 보급화이다. 개인이 컴퓨터와의 전투에 그치는 것이 아니라 친구들끼리 플레이를 할 수 있게 만들었다. 그 당시 전국에 PC방이 보급화 되기 시작하였고 정확한 타이밍이 맞아서 엄청난 대박을 가져오게 된 것이다.

둘째, 우리나라 사람들의 특유의 승부욕이다. 그것은 대한민국 교육에서부터 나왔다. 치열한 경쟁사회에서 반드시 이겨야 한다는 것, 2등은 알아주지 않는 사회의 분위기가 늘 승부욕을 불태웠다.

셋째, 빨리빨리 문화를 잘 파악하였다. 너무나도 빠른 성과를 내기 바라는 문화 때문에 늘 분주하다. 스타크래프트는 평균 1게임당 10~15분이면 판가름이 난다. 짧은 시간동안 엄청난 몰입도를 가지고 빠른 승부를 가질 수 있는 게임은 그 당시에 유일했다. 결국 세계에서 처음으로 거대한 커뮤니티를 만들며 e스포츠를 탄생시킨 게임이 되었다. 이처럼 파는 것과 팔릴 수밖에 없는 것을 창출하는 것은 예상을 초월한 엄청난 결과를 가져올 수 있게 된다.

명품 브랜드들의 전략도 마찬가지이다. 명품 가방, 명품 차, 명품 시계 등 사람들이 입을 쩍 벌리고 얘기하는 명품들도 가치를 판매했기 때문에 지금도 그 명성이 유지되고 있는 것이다. 품질과 기능, 디자인 등 아무리 흠집을 잡으려고 해도 일반 브랜드와 가치가 다르기 때문에 금방 회복된다. 하나를 만들더라도 가치를 전달하는 것이 바로 그들의 팔릴 수밖에 없는 전략이었던 것이다.

폭스바겐 그룹을 보라. 80년이 지나도록 여전히 세계에서 인정받는 브랜드로, 브랜드의 가치는 자동차 업계에서 단연 최고를 달리고 있다. 하지만 삼성 갤럭시 배터리 발화 사건과 같은 일이 발생했었다. 바로 '자동차 배기가스 조작 사건'이다. 한국에서는 거의 망했다고 얘기할 정도로 가치가 하락했었다. 아이러니 하게도 여전히 글로벌 자동차 판매량은 1위이다.

자동차 역사에서 발생해서는 안 되는 일이 발생했다고 해서 아우디, 포르셰, 벤틀리, 람보르기니에 대해서는 불매운동을 하지 않는다. 다시 한국에서 명성을 찾기 위해 100만 원 상당의 파우치를 비롯하여 오히려 기존의 고객들과 신규 고객들을 위해 더욱 투자를 하는 모습을 보이고 있다. 슬기롭게 극복을 해가고 있다.

똑같은 원두로 만들었지만 스타벅스 마크가 찍힌 커피는 대한민국에서만 연 매출 1조 원을 돌파했겠는가. 커피를 파는 것이 아니라 문화라는 가치를 팔았기 때문이다. 그 문화는 커피 이상의 가치를 가져오기 때문에 사람들의 발걸음을 저절로 향하게끔 하는 것이다. 그것은 전 세계 맥도날드 체인점 수보다 치킨 집 수가 더 많은 대한민국에서 똑같은 치킨을 팔아도 잘 되는 치킨 집은 계속 잘 되는 이유와 같은 맥락이다. 당신 자체가 하나의 팔릴 수밖에 없는 사람이 되기 위해 노력을 해라. 당신을 중심으로 주위 사람들이 당신을 거쳐 나가면 당신의 향기마저 벨 수 있도록 해보라. 같은 회사의 영업

사원들의 실적이 다른 이유는 무엇일까. 실적이 좋은 사원은 사람을 찾아가지 않고 사람을 찾아오게 만든다. 그 사람 주변에는 당신이 필요한 사람 혹은 정보가 있기 때문이다. 단지 상품을 팔기 위한 것은 경쟁력이 없는 것이다.

아무리 약을 팔고 화장품을 팔아도 가치를 판매하는 사람들은 실적이 다르다. 당신이 판매할 물건이 아니라 당신의 무엇을 판매할 것인지 전략을 구상해라. 가치를 판매하는 사람이 되기를 바란다.

항상 같은 옷만 입은
스티브 잡스와 마크 저커버그

_상징성

이 모든 것이 작은 생쥐 하나로 시작되었다는 것을 기억하라.

– 월트 디즈니(미국의 만화가, 사업가)

스마트폰과 태블릿PC로 전 세계의 생활 패턴을 순식간에 바꿔버린 사람이 있었다. 애플의 창립자 스티브 잡스이다. 스마트폰을 사용하는 사람이라면 누구나 한 번 쯤 그의 이름을 들어보았을 것이다. 그는 지금 이 세상 사람이 아니지만, 세상의 관점을 다르게 볼 줄 알았던 그는 혁신의 아이콘으로 영원히 기억하는 존재가 되었다. 그렇다면 사람들은 그를 어떤 식으로 기억할까? 기억하는 방법이 누구나 같지는 않겠지만 그의 외적인 모습을 기억하는 사람들은 누구나 똑같은 모습을 상상한다.

그는 항상 검은 터틀넥을 입었다. 그것도 20세기 최고의 디자이

너 중 한 명인 미야케 이세이가 디자인한 것이 아니면 입지 않았다. 생전 인터뷰에서 "지금까지 입은 옷 중 이세이가 만든 터틀넥이 가장 편하다"라고 얘기를 했었다. 바지는 리바이스 청바지, 운동화는 뉴 밸런스 992만 고집했다. 애플에서 신상품이 나오면 늘 자신이 고집한 옷을 입고 신제품 발표를 했다. 사람들은 바로 터틀넥에 청바지를 입은 그의 모습을 하나의 상징처럼 기억하는 것이다.

그를 다시는 볼 수 없지만 사람들은 영원히 그를 기억한다. 그리고 수많은 팬들이 그를 추종하고 존경을 하고 있다. 스티브 잡스가 죽고 애플은 더 이상 혁신이 없고 점점 쇠퇴할 것이라고 많은 언론들은 얘기를 했다. 사실 스티브 잡스 이후 엄청난 혁신적인 제품은 볼 수 없었다. 화면의 크기가 조금 커지고 속도와 색깔만 몇 가지 추가되었을 뿐이다. 하지만 죽어서도 사람들 가슴 속에 살아 숨 쉬는 스티브 잡스 덕분에 후광효과는 지금까지도 계속 되고 있다. 또한 그의 사후 자서전은 전 세계 베스트셀러가 되었고 수많은 책들 가운데 혁신, 도전, 변화, 좌절, 용기에 관한 내용에는 늘 스티브 잡스라는 단어가 빠지지 않았다. 그리고 영화로 그의 전기가 만들어지기도 했다. 그의 신들린 발표력은 전 세계 기업들이 표본으로 사용이 될 만큼 늘 완벽했었다.

하나의 자취만 남겨도 대단한 일인데 수많은 곳에 흔적을 남긴 것이다. 그의 자취와 흔적은 역사이자 전설이 되었고 그 누구도 그를 대체할 수 없었다. 만약 스티브 잡스가 늘 같은 옷을 입지 않고 신제품 발표를 직접 하지 않았다면 사람들은 그를 지금처럼 뚜렷하게 기억하지는 않았을 것이다. 어쩌면 너무 완벽주의자여서 인간미가 없었던 CEO, 고집불통이고 화를 잘 내는 사람, 철학과 인문학을 판매한 사기꾼으로 기억될지도 모를 것이다. 아무리 칭찬을 해도 부족한 스티브 잡스는 정말 자기 마케팅의 천재였다. 단지 제품을 판매하는 것이 아니라 결국 자신의 모든 것을 판매했던 것이었다. 스탠포드 졸업 연설에서 그는 이렇게 말한다.

"다른 사람의 삶을 사느라 시간을 낭비하지 마십시오. 타인의 견해가 여러분 내면의 목소리를 삼키지 못하게 하세요. 가장 중요한 것은 가슴과 영감을 따르기 위해 용기는 내는 것입니다. 이미 여러분의 가슴과 영감은 여러분이 되고자 하는 바를 알고 있습니다."

가슴 속에 영원히 숨 쉬는 스티브 잡스는 앞으로도 늘 사람들 입에서 회자가 될 것이다.

그와 비슷한 또 한 명의 천재가 있다. 바로 소셜 네트워크의 세계화를 만들었던 페이스북 설립자 마크 저커버그이다. 그는 84년

생, 그러니깐 아직 30대이다. 2017년 기준 페이스북의 분기 매출은 10조 원을 돌파했고 순 이익만 4조가 넘는다고 한다. 전 세계에서 가장 많은 인구수를 차지하는 나라 중국보다도 사용자 수가 많다고 하니 실로 그 영향력은 상상 자체가 되지 않는다. 또한 세계 10대 부자 반열에 오른 것은 물론이고 4차 산업 혁명을 주도할 인물 중 한 명으로도 평가 받는다. 그도 스티브 잡스와 마찬가지로 늘 같은 옷을 입는다. 어느 인터뷰에서 "왜 늘 같은 옷을 고집하나요?"라는 질문에 그는 "내 모든 에너지를 더 나은 제품과 서비스를 만드는 데 쏟고 싶다"고 했다. 어쩌면 잡스와 마찬가지로 영원한 상징성을 주는 아이콘을 만들고 싶었을지도 모른다. 모든 젊은이들의 롤모델이기도 한 그는 9년간의 연애한 중국계 미국인 여자와 결혼을 하고 딸을 낳은 모습들과 행복한 시간들까지 자신의 페이스북 계정에 올려놓았다. 즉, 페이스북은 마크 저커버그의 삶이자 모든 것이다. 그래서 사람들은 페이스북을 하면 그를 동시에 떠올리고 따로 분리해서 생각을 하지 않는다.

이는 훗날 다른 CEO가 오더라도 사람들은 늘 마크 저커버그를 기억하게 될 것이다. 스티브 잡스처럼 마크 저커버그도 사람들 머릿속에 자리매김하게 되었다. 항상 청바지에 회색 티를 입었고 30대 부자 반열에 올랐다. 만약 미국 어느 도시에서 저커버그를 만난다면 그가 수조 원의 자산가인줄 꿈에도 모를 것이다. 부자라고 해서 명품으로 치장을 하고 좋은 차를 몰고 다니는 것이 아니라 너무나 수수하고 부담 없이 다니기 때문이다. 즉, 보여지는 이미지 자체가 그의 진짜 모습이다. 그래서 그를 추종하는 사람들은 그에게 열광한다.

상징성이라는 것은 자신의 브랜드 가치를 올리는데 너무 중요하다. 한 번 각인된 이미지는 쉽게 바뀌지 않기 때문이다. 그 이미지를 통해 당신과의 관계가 지속될 것이지, 아니면 일회성 만남으로 끝이 날 것이지가 결정이 되기도 한다. 당신이 영원히 현역을 꿈꾸고 지금의 실신의 시대(실업과 신용불량자의 시대)를 넘기 위해 반드시 '상징성'이라는 것을 장착해야 한다.

상징성을 남기기 위해서 가장 먼저 전제가 되어야 하는 것은 '어떻게 차별화를 시킬 것이냐'의 문제이다. 대한민국은 커피 공화국이라는 말이 있을 정도로 너무나 많은 카페가 즐비하다. 건물마다 카페가 있다. 심지어 다른 품목을 판매를 하는 가게에서도 커피를 판매할 정도이니 여전히 인기가 있음을 알 수 있다. 그럼에도 불구하고 1년을 버티지 못하고 폐업을 선언한 카페들이 있다. 너무나 많은 카페 속에 차별성이 없는 카페는 사라지고 마는 것이다. 그런데 수 많은 카페들 속에서 신기하게도 대한민국을 호령하는 카페가 있다. 바로 스타벅스다.

2016년 영업 매출은 1조 원을 넘어버렸고 2등과 비교조차 안 될 정도로 독보적이다. 1999년 이화여자대학교 앞에 처음 생긴 이후 현재 전국에 1,000개 이상의 점포를 운영 중이다. 어떤 차별성을 주었길래 입맛이 까다롭기로 유명한 대한민국 사람들의 입맛을 잡은 것일까. 바로 '그들만의 감성 문화'이다. 매장에 들어가면 흘러나오는 배경 음악, 인테리어, 편한 의자, 그림들 등이다. 시각, 청각, 후각, 미각, 촉각 오감에 충실한 감성 문화는 소비자들의 마음을 유혹할 수 있었던 것이다. 하워드 슐츠 회장은 "자신들은 커피가 아닌 커피 경험을 판다"고 얘기했다. 그렇기 때문에 사람들은 스타벅스를 기억할 때 총체적인 이미지를 떠올리게 되는 것이다.

그것이 사람들에게 하나의 상징성으로 기억된 것이다. 실제로 소비자들 대상으로 프렌차이즈 카페 만족도 설문을 한 결과 서비스 부분에서 1위를 차지했다. 매장에 들어오면 마치 힐링을 할 수 있는 느낌을 받는다. 믿고 마실 수 있는 커피뿐만 아니라 마치 자신의 집에 온 것처럼 편한 분위기를 만들어 주는 모든 재료들은 스타벅스만의 차별성이자 상징이 된 것이다. 브랜드 정신이 하나의 문화로 자리 잡게 되면 진정한 하나의 문화가 되어 고객들의 마음을 사로잡을 수 있게 되었다. 상징성은 차별성이 전제가 되어야 한다고 했다. 그리고 전략적으로 부모가 아이를 키우듯 성장시켜 나가야 한다. 그리고 하나의 문화로 만들어버려야 한다.

앞의 사례에서 보았듯이 상징성이라는 것은 남들과는 다른 무언가를 각인시키는 것이다. 남들은 갖고 있지 않지만 당신이 갖고 있는 상징성은 무엇인가. 상징성이라는 것은 선천적인 재능도 있겠지만 끊임없는 노력을 통해 발견할 수 있을 것이다.

지금까지 상징성이 왜 중요한지 알아보았다. 세상에는 너무나도 유능한 사람들이 많다. 그들을 제치고 1인자가 되는 것은 불가능에 가깝지만 자신만의 상징성을 갖는 것은 누구나 가능하다. 과거의 황제들과 왕도 이른바 곤룡포라고 불리는 옷을 입었다. 용의 무늬가 있던 옷을 입은 사람이 곧 1인자라는 상징적인 의미가 있었기 때문에 항상 같은 옷을 입었던 것이다. 늘 상대방의 가슴속에 하나의 이름으로 영원히 기억되기를 바란다. 스티브 잡스와 마크 저커버그의 의상처럼, 스타벅스의 총체적인 모습처럼 온 몸으로 기억할 수 있는 사람이 되기를 진심으로 바란다.

☆★ 퍼스널 브랜드 10계명 ★☆

1. 퍼스널 브랜드 시대이다. 준비를 하지 않는 것이 오히려 잘못된 것이다.
   _ 불가결 법칙

2. 자신의 이야기가 없으면 브랜드의 영혼이 없는 것과 같다. 이야기로 승
   부하라. **_ 만담의 법칙**

3. 나를 위해서가 아니라 상대방을 위해 꾸미자. 첫인상을 절대 간과해서
   는 안 된다. **_ 3초의 법칙**

4. 사람들에게 진심을 다해 정으로 대한다면 알아주기 마련이다. 그것을
   보고 '진정성이 통했다'고 한다. **_ 초코파이 법칙**

5. 사람들은 명성에 반응한다. 좋은 평판이 만들어지면 명성을 얻게 된다.
   _ 소문의 법칙

6. 진짜 실력을 갖추면 스스로 말하지 않아도 주변에서 회자되어 지게 될
   것이다. 재야의 고수가 되라. **_ 재야의 법칙**

7. 악기의 종류마다 소리가 다르다. 그래서 구별이 가능하고 쓰임이 있는
   것이다. 구별되는 힘, 바로 콘셉트의 힘이다. **_ 오카리나 법칙**

8. 독립군의 목표는 하나, 국가를 지키는 것이었다. 독립군의 실체처럼 스
   스로의 실체를 확립하자. **_ 독립군 법칙**

9. 브랜드는 곧 가치, 가치는 내가 만들어가는 것이다. **_ 메이크 법칙**

10. 평화의 상징 비둘기처럼 상징적인 무엇인가를 사람들의 머릿속에 각
    인시키자. **_ 비둘기 법칙**

Part 3

성공하는 연출력

연출력은 꽃과 열매이다.
승부를 결정짓는다!

PERSONAL BRAND

왔노라, 보았노라, 이겼노라.

– 율리우스 카이사르 (로마의 정치인)

첫 번째 계단인 내면의 힘을 기르고, 두 번째 계단인 퍼스널 브랜드에 대해 알아보았다. 이제 당신은 연출력을 펼치기 위해 충분히 준비가 되었다.

내가 연출하고 있다는 사실을 깨닫고, 연출력을 기르기 위한 이유는 '이겨놓고 승부'를 하기 위함이다. 명저 중의 명저 손자병법에도, 마키아벨리의 군주론에도, 이순신의 난중일기에도 그와 비슷한 내용을 담고 있다. 그러나 '연출력이 바탕이 되었기 때문에 승리했다.'를 정확하게 말하지 않고 있다. 정말 독서를 많이 하고 공부를 많이 한 사람들은 알아차릴 수 있을지 모르겠지만 그게 아니라면 간파하기가 어렵다. 따라서 좀 더 확실하게 그들이 지금까지 이름을 날릴 수 있었던 이유, 수많은 사람들이 추종하는 이유, 위기의 순간에 극복할 수 있었던 이유가 바로 연출력이었다는 것을 이야기하고 싶었다. 손자처럼, 마키아벨리처럼, 이순신처럼 연출력을 통해 당신도 진정한 승자가 되기를 간절히 바란다.

칼자루는 당신이 가지게 될 것이다. 칼자루를 잡는 순간 상대방이 움찔하게 만드는 것이 연출력이다. 상대방에게 두려움을 갖게 하고 이길 수 없는 상대라는 것을 보여주는 것이 연출의 기술인 것이다. 칼의 모양이 날카로운지 둥글한지, 길이는 어느 정도인지, 어떤 재질로 되어 있는지 알게 해서는 안 된다. 상대방이 칼의 모습을 알게 되면 이겼음에도 이긴 것 같지 않게 될지도 모른다. 따라서 이번 장에서는 칼자루 속에 칼을 그대로 둔 채 이겨놓고 승부할 수 있는 방법에 대해 수록해놓았다.

베를린 법칙, 넘버원 법칙, 달란트의 법칙, 줄타기의 법칙 등을 이해한다면 당신은 이제부터 이겨놓고 승부하는 최고의 연출가로 정상에 자리하게 될 것이다.

연출을 잘 했던 여우같은 여자의 대명사
클레오파트라에게 배워라

_베를린 법칙

여자의 네가지 아름다운 덕은 첫째가 마음씨요,
둘째가 맵씨이고 셋째가 말씨이며 넷째가 솜씨이다.

– 명심보감

단발머리와 진한 눈 화장, 빨간 입술과 오똑한 코, 그리고 몸매를
훤히 드러내는 실크 옷을 입은 불멸의 존재하면 누가 생각나는가?
바로 여우같은 여자의 대명사인 이집트의 파라오였던 클레오파트
라는 인물이다.

클레오파트라는 기원전 69년 이집트 프톨레마이오스 왕가의 딸
로 태어나고 자랐다. 일리아드와 오디세이를 저술했던 호메로스에
게 작문 수업을 받았다. 또한 그리스 문학과 헤로도토스에게 역사,
수사학, 대수, 기하, 천문학, 의학 수업을 받았다. 여기에 더해 예술
분야에도 소질을 보였기에 그림과 악기 연주도 배웠으며, 그리스 문
화에서 필수였던 체육에도 열심이었다고 전해진다. 이집트의 파라

오 전통과 그리스식 교육이 결합되면서 문리가 트이게 되고 세상을 보는 관점을 갖게 된다.

하지만 역사적인 사료들이 많지 않아서 전해 내려오는 이야기가 많고 아직도 연구해야할 부분이 많은 건 사실이다. 분명한 건 그녀는 '여우같은 여자'라는 것이다. 왜냐하면 고대 로마의 위대한 명장 율리우스 카이사르를 자신의 남자로 만들고, 그의 제자인 마르쿠스 안토니우스 역시 유혹하면서 로마 전체를 내전의 위기에 빠뜨릴 정도의 위세를 보였기 때문이다. 그녀 한 명으로 역사상 가장 큰 영토와 수많은 무용담이 숨 쉬는 로마제국을 말이다. 도대체 그녀에게 어떤 매력이 있었길래 천하를 호령하는 대장군들의 마음을 가졌고 지금까지 사람들의 머릿속에 남아있는 것일까?

이미 미국의 베스트셀러 작가 셰리 아곱은 그의 저서 '남자들은 왜 여우같은 여자를 좋아할까?'에서 여우같은 여자가 곰 같이 착한 여자보다 훨씬 끌리는 이유를 검증했다. 셰리 아곱은 책을 쓰기 전, 수백 명의 남자들을 인터뷰를 했다. 결국 그 책을 바탕으로 3년 연속 빌보트 차트 정상을 차지할 정도로 훌륭한 강연까지 기획을 하게 된다. 물론 여우같은 여자의 이면에는 부정적인 시각도 있다. 남자들을 속이고 이용하는 존재, 행동이 진실인지 거짓인지 구별이 되지 않는 행동, 너무 큰 매력이지만 가질 수 없는 허탈감에 차라리 눈에 안보였으면 하는 것 등이 있다. 하지만 가만히 생각해보면 여우같은 여자들의 문제가 아니라 잘못 받아드린 남자들의 문제이다.

조금만 잘해줘도 나에게 호감이 있어서 저런 행동을 하는구나 하고 단정 짓는 남자들 말이다. 여우같은 여자들은 남자들을 속이는 존재가 아니다. 그녀들은 오히려 정말 솔직하고 당당하다. 솔직하고 당당한 매력에 빠진 남자들은 헤어 나오지 못한다. 마치 무언가에 홀린 듯한 환각 상태가 되고 머릿속에서 지우고 싶어도 쉽게 지워지지 않는다. 깊이 빠져들수록 그녀에게 사랑받지 못함에 서운함을 느끼는 정도가 크게 된다. 곧 애정이 애증이 되어 그녀가 했던 행동들이 진심이 아니라고 단정 지어 버리는 것이다. 그래서 당신도 사람의 영과 혼마저 빼앗아버린 매력을 뿜는 여우같은 여자들에게 배워야 한다.

첫째, 남자에게 대화의 주도권을 넘겨줘야 주도권을 가져올 수 있다는 것을 안다. 여우같은 여자와 대화를 해보면, 이야기의 주도권을 남자에게 넘겨준 채 남자가 하는 이야기에 포커스를 맞추는 경우가 많다. 어른스러운 남자면 어른처럼, 아이 같은 남자들에게는 아이의 눈높이에서 대화를 하는 것이다. 이겨놓고 승부하기 위해 연출을 정말 잘 하는 것이다. 대화 중 남자의 말에 적절하게 호응하여 미소 짓거나 웃으면서 남자가 말을 할 수 있도록 편안한 분위기를 만들어준다. 남자들의 말이 다소 따분하고 재미가 없더라도 큰 호응을 통해 자신감을 갖게 만든다. 표정도 살며시 미소를 지으며 나는 당신이 하는 이야기에 집중을 하고 있다는 제스처를 보여준다. 바보 같은 남자들은 이내 여자가 호감을 갖고 있는 줄 알고 행복해한다.

여기서 알 수 있는 사실은 '상대방이 편안하게 말할 수 있도록 하는 것'과 '큰 호응 해주는 것'이다. 상대방이 부담 없이 입을 여는 방법을 여우같은 여자들은 아는 것이다. 살며시 미소를 지으면서 호응을 하고 상대방을 높여주면 된다. 처음 보는 사람에게 과격하게 호응하면 때로는 가식처럼 느껴질 수 있으니 적당한 호응이 중요하다. 상대방이 존중받는다는 느낌을 받고 관심을 받고 있다는 생각이 들면 마음의 벽이 점점 낮아진다.

긴장감을 서서히 내려놓게 된다는 것을 의미한다. 긴장감을 내려놓으면 남자에게 주었던 주도권을 다시 가져올 수 있게 된다. 주도권을 먼저 줘야 주도권을 가져올 수 있다는 원리는 여우같은 여자들은 이미 알고 있었다. 가져온 주도권은 배 이상의 큰 위력을 발휘한다. 다시 주도권을 가져온 그들은 자신 있고 당당하게, 거침없이 이야기를 전개해 나간다.

둘째, 내숭을 잘 떨고 애교를 잘 부리는 것이 남자들을 안달 나게

함을 안다. 여우같은 여자는 좋아하는 남자가 있어도 먼저 고백하지 않는다. 좋아해도 관심 없는 척, 사랑해도 사랑하지 않은 척, 알아도 모르는 척 하면서 남자가 고백할 때까지 자신의 감정을 쉽게 드러내지 않는다. 그런 생각과 행동이 무섭게 느껴질 때도 있지만 그것이 이길 수 있는 확률을 높인다는 것을 알기 때문이다. 자신이 좋아하는 남자의 고백을 받아도 내숭을 떨면서 남자의 마음을 애간장 태울 때도 있다. 남자가 자신을 사랑해 주기를 바라면서도 아쉬운 것이 없는 척하면서 남자가 자신을 진심으로 사랑한다고 느껴질 때까지 자신의 감정을 드러내지 않는다.

자신의 가치를 스스로 올릴 줄 아는 것이다. 가치가 올라가면 말 한 마디에도 영향력이 생긴다. '사랑해'라는 말에 힘이 다르다는 것이다. 우리가 자신을 드높일 때 말의 힘은 수백 수천 배가 커진다. 눈에 보이지 않는 가치에는 한계가 없기 때문에 가치가 크면 클수록 엄청난 파괴력을 지닐 수밖에 없다. 또한 여우같은 여자는 살살 녹는 애교로 남자의 마음을 사로잡는다. 내숭을 통해 말의 힘을 말했다면 애교는 말에 향수를 뿌리는 것과 같다. 자기에게 맞는 향수는 기본적으로 중독성이 강하다.

몇 년이 지나도 그 향을 맡게 되면 그 당시 사람의 모습, 함께 있었던 장소, 그 때 있었던 느낌들 모든 것들이 입체적으로 떠오르게 된다. 말의 힘과 중독성이라는 무기로 남자들을 사로잡는 것이다. 당신도 이미 그런 능력들을 가지고 있음을 알아야 한다. 한 번도 사용을 해보지 않았거나 방법을 몰랐을 뿐이다. 아니면 중요성을 몰랐을 수도 있다. 당신이 할 수 있는 최선의 범위 내에서 내숭과 애교를 부려보기를 바란다.

셋째, 남자에게 매달리지 않고 남자가 매달리게 만든다. 참 신기하다. 오히려 여자가 더 좋아하는 마음이 있어도 시간이 지나면 상황이 바뀌어 있다. 침착하게 자신의 모든 패를 드러내지 않고 강한 패를 하나씩 드러내기만 한다. 예를 들어 소개팅을 하거나 비즈니스 미팅에서 처음 나는 사람에게 아쉬울 것 없는 것처럼 행동한다. 아쉬울 것이 없다는 것은 을이 아닌 갑으로 상대를 대하는 것이다. 설령 그 남자가 지금 내 눈앞에서 없어도 괜찮고 비즈니스 협상에 부담감을 가질 필요가 없다는 것이다. 갑을관계를 만들어 버리는 대단한 사람들이다.

사전에는 갑을관계란 갑과 을은 원래 계약서상에서 계약 당사자를 순서대로 지칭하는 법률 용어로 나온다. 보통 권력적 우위인 쪽을 갑, 그렇지 않은 쪽을 을이라 부르는데 여기서 '갑을관계를 맺는다'는 표현이 생겼으며, 지위의 높고 낮음을 의미하게 되었다. 지금은 대기업과 협력업체, 업주와 종업원, 상사와 직원, 고객과 서비스

업체까지 이 표현이 폭넓게 사용되고 있다.

갑이 무엇을 의미하는지를 잘 아는 것이다. 여우같은 여자들은 상대방에게 주도권을 주는 것도 주고 싶어서 주는 것이다. 그들이 떠나도 나에게 손해 볼 것이 하나 없기 때문이다. 넘치는 자신감은 상대방으로 하여금 끌리는 마음이 생기게 되고 궁금하게 만든다. 궁금하지만 모든 카드를 한꺼번에 보여주지 않기 때문에 더욱 매달리게 되는 것이다. 당신에게도 충분한 실력과 내공을 겸비한 수십 장의 카드가 있다. 적재적소에 어떤 카드를 어떤 방법으로 보여야 하는지를 몰랐을 뿐이다. 지금까지 모아놓은 카드 중 헛되고 쓸모없는 카드는 없다. 어떻게 사용할 것인지 당신의 선택에 달려있다. 그 밖에도 여우같은 여자들은 센스가 있고 눈치가 빠르다. 우리나라 연안에서 흔하게 볼 수 있는 어류 중 하나인 용치놀래기라는 물고기가 있다.

그들은 무리지어 다니며 호기심이 많고 눈치가 빠르다. 먹잇감이 나타나면 무리 전체가 상대방의 허점을 찾아 탐색전을 벌이다가 조금이라도 허점을 찾으면 한꺼번에 달려든다. 경우에 따라서는 덩치가 큰 바다동물이 사냥한 먹이를 가로채기도 한다. 즉, 용치놀래기에게는 센스와 눈치가 곧 생존인 것이다. 여우같은 여자들도 용치놀래기처럼 센스와 눈치가 생존임을 알고 있다. 그것이 남들의 눈을 의식하는 행동이 아니라 남들의 생각을 앞서는 행동임을 알기 때문이다. 그래서 센스 있고 눈치 있는 사람은 연애에서의 성공은 물론 직장에서도 사랑을 한 몸에 받는 것이다. 무한 경쟁 시대에 살아남기 위해 여우같은 여자의 연출력을 배우는 것은 선택이 아니라 필수이다. 클레오파트라가 로마제국의 남자의 마음을 사로잡은 것처럼, 당신도 원하는 것을 얻기 위해 여우같은 여자의 연출력을 참고하길 바란다.

경차도 포장을 하면
벤츠가 될 수 있다

_ 넘버원 법칙

어떤 일이든 할 수 있고 이루어진다고 마음먹어라. 그리고 그 방법을 찾아라.

– 에이브러햄 링컨(미국 16대 대통령)

　최근 아프리카 평원에서 '수컷화' 되어가는 암사자들의 모습이 포착돼 학계의 관심이 쏠리고 있다. 영국 BBC 다큐멘터리 프로그램인 'The World's Sneakiest Animals' 제작진은 아프리카에서 자신을 수사자라고 여기는 암사자들의 모습을 최초로 카메라에 담는데 성공했다. 동식물학자인 크리스 팩햄 박사와 함께 진행된 이번 프로그램에 소개된 암사자들은 사파리 지역으로 유명한 남아프리카 보츠와나의 오카방고 델타에 서식한다. 이곳에 서식하는 일부 암사자들은 외모뿐만 아니라 울음소리나 행동 모두가 수사자와 매우 유사하다. 팩햄 박사에 따르면 자신이 서식하는 지역을 다른 동물 무리로부터 지켜야 한다는 강한 열망 역시 이곳 암사자들을 수사자만큼 강한 존재가 되게 했다. 팩헴 박사는 "이들 암사자들은 자신의 생존 기회를 높이기 위해 가능하면 영역을 확장하려 할 것이다. 이러한 돌연변이적 변화는 다른 맹수나 적으로 하여금 이들을 진짜 수사자로 믿게끔 하는데 도움이 될 것"이라고 설명했다.

– 출처 : 서울신문

생존해야 한다는 열망 하나 때문에 암사자들은 스스로 수사자라고 세뇌를 했다. 그리고 실제로 유전적 돌연변이와 함께 실제 수사자의 행동 패턴을 보이면서 스스로를 지키고 있다. 동물의 왕이라고 불리는 사자도 자신의 몸을 지키기 위해 스스로를 세뇌시킨다. 하물며 인간인 우리가 불확실성이 강하고 급변하는 시대에 생존을 위한 노력을 해야 하는 것은 당연한 것이 아닐까?

1991년 출시되었던 대한민국 최초의 경차 '티코'를 기억하는 사람들은 여전히 있을 것이다. 지금은 100대도 채 남아있지 않은 경차가 되었지만 과거 '대우'라는 회사를 먹여 살리던 효자 상품이었다. 그만큼 선풍적인 인기를 끌었다. 하지만 나에게 티코는 숨기고 싶은 차였다. 한창 사춘기 때의 차였기 때문에 내가 좋아하는 이성 친구가 어머니가 타는 티코를 볼 까봐 조마조마 했던 적도 있었고 특히 친구들이 볼까 두려웠다. 그로부터 15여년이 지났다.

함께 일을 했던 직장 동료의 차가 티코였다. 눈앞에 티코가 나타나니 예전 어머니가 티코를 몰던 모습이 생각이 들었다. 그리고 부끄럽던 기억이 떠올랐다.

동료에게 "아직도 티코가 굴러다니네요? 신기하네요."라고 했다. 그랬더니 "나의 보물 1호입니다. 누가 뭐라고 해도 벤츠보다 더 좋은 차입니다"라고 하는 것이 아닌가.

그런데 그 말의 무게가 상당히 진중했다. 장난으로 말하는 어투가 아니었다. 거짓말처럼 말 한 마디에 벤츠보다 더 좋은 차처럼 보였다.

나에게는 숨기고만 싶은 어머니의 차였는데 이 동료에게는 보물 1호가 된 것일까? 곧 폐차를 시켜야 할 정도로 상태가 매우 열악했음에도 불구하고 외제차를 몰고 다니는 사람보다 더 당당할 수 있었던 이유는 무엇일까?

잘 사는 사람이 일부러 서민 코스프레를 하기 위해 티코를 타고 온 줄 알았다. 그러나 그 사람의 연봉은 1,000만 원도 되지 않을 정도로 저소득층이었고 당시 학자금 대출을 갚고 있을 정도로 집안도 좋지 않았다. 그렇다면 어떤 사연이 있어서 그런 것일까? 시간이 지나 같이 밥을 먹게 되었다.

그 때 비로소 당당함과 기백을 알 수 있었다.

"한국 사람들은 특히 보여 지는 것에, 남들 눈을 의식하는 것이 심하잖아요? 그래서 만나는 사람들마다 티코를 몰고 다닌다고 불쌍하게 생각을 해요. 그게 티코를 타는 이유에요. 불쌍하고 가엾고 도와주고 싶다는 생각을 해주니, 가슴 속에 활활 타오르는 열정이 절대 식지 않더라구요. 그럴수록 벤츠를 타는 것처럼 당당하고 품격 있게 행동을 했죠. 저를 그렇게 세뇌했습니다."

연봉 1,000만 원을 받던 그는 현재 외제차와 보조 차량 1대를 보유하고 있으며 그 때의 당당함은 실제로 현실이 되었다. 경차를 외제차로 스스로 자기 최면을 했던 결과 실제로 그렇게 된 것이다.

꿈꾸는 다락방의 저자 이지성 작가는 "정말 간절히 원하면 이루어진다"라는 내용으로 초대형 베스트셀러 작가 반열에 올랐다. 그의 어린 시절도 가난하였다. 부모님으로부터 물려받은 거라고는 빚뿐이었다. 그래서 암흑의 이십대 시절을 보냈어야만 했다. 그러나 빚이 있다고 해서 빚 있는 패배자처럼 있지는 않았다. 마치 돈이 많고 능력과 실력 있는 사람처럼 행동하고 임금님과 같은 인상을 하고 다녔다고 한다.

지금은 부와 명예와 심지어 예쁜 아내까지 얻지 않았는가? 아무리 어렵고 힘들어도 그런 생각 자체를 잊어버리자. 잊어버리는 것은 쉽지 않다. 늘 나와 만나는 시간들이기 때문이다. 그러나 그런 생각 자체를 잊어버리는 것도 실력이라고 생각하자. 아직 배가 덜 고파서 나약한 생각을 한다고 가슴에 새기자. 현재의 모습이 그럴 뿐이지 미래의 모습은 그 누구도 예언할 수 없다.

오직 당당함과 기백으로 자신을 포장해야 한다. 수많은 자기계발 서적에 좋은 글귀들과 행동할 수 있는 표현들이 많이 적혀있다. 그러나 실제로 행동하는 사람들은 그리 많지 않다. 자신이 최고라고 노력하면, 그냥 막 밀어붙이면, 반드시 성공할 것이다. 대부분의 사람들이 실패하는 이유는 오직 하나, 실천을 하지 않기 때문이다. 매일 스스로 최고라고 세뇌를 한다면 정말 최고가 될 수 있다. 그러나 대부분 사람들은 핑계만 된다. 실천을 했는데 잘 안됐다고 이야기를 한다.

과연 그렇게 이야기 하는 사람들 중 죽었다 생각하고 피나는 노력을 한 사람들이 과연 몇이나 있을까 싶다.

'내가 이 분야에서 최고가 되야지'라고 마음을 먹자. 끝장을 본다 생각하고 원하는 것을 얻을 때까지 해 보는 것이다.

누군가는 자신을 포장한다는 것에 부정적인 시각을 갖기도 한다. 그러나 정확한 포장을 하지 않으면 오히려 낭패를 볼 수 있기 때문이다. 한국만의 보여 지는 것을 중시하는 특유의 문화로 인해 돈도 없으면서 사치를 부리고 다니라는 소리는 절대 아니다. 월급 100만 원을 받으면서 월세 60만 원 짜리에 거주를 하며 강남 라이프 스타일을 살아가라는 말이 아니라, 현재 주어진 것에서 최고라는 마음을 가지라는 것이다.

가령, 한 분야에 성공하는 사람들의 모습을 잘 모르겠다면 성공하고 돈 많은 사람들이 모이는 장소가 어디인지 생각해보고 찾아가라. 예를 들어 특급 호텔 1층 로비에는 늘 성공하는 사람들이 미팅을 많이 한다. 고급 인테리어로 꾸며진 곳에서 연주자들이 직접 클래식 음악을 연주를 한다. 그런 자리 자체가 내가 성공하고 사회적인 위치가 있음을 증명하기 때문이다. 혹은 유명한 강연자들의 강연회를 찾아가라. 강연을 하는 사람의 강의를 듣는 것도 중요하지만 그러한 강의를 들으러 오는 사람들도 유심히 관찰을 해 본다면 깨달음을 얻을 수 있을 것이다. 그런 노력도 해보지 않고 성공하겠다는 생각을 한다면 욕심 아니겠는가?

당신이 어떤 수준에 있든 전혀 문제가 되지 않는다. 최고라는 생각을 하지 않으면 지는 싸움을 할 수 밖에 없다. 지금부터 당당한 기백이 넘치는 연출력을 통해 만들어 나가자. 경차를 벤츠처럼 포장을 할 수만 있다면 성공을 하고 싶지 않아도 성공을 할 수 밖에 없게 된다. 가난하다고 행동조차 가난하지는 말자.

당신만 가난한 것이 아니다. 우리가 알고 있는 성공한 사람들도 가난부터 시작을 했다. 모두가 가난 속에서 고난과 역경을 통해 성공의 길로 갔고 모두가 힘든 시간들을 겪었다. 내일 당장 죽는다고 하더라도 바다처럼 넓은 당당함을 잃지 않는다면 당신은 이미 승자이다.

벼랑 끝에 서 있다는 생각으로 연출을 한다면 상상 초월하는 결과를 가져 온다

_ 절박함의 법칙

낭떠러지에 매달려 나무를 잡은 손을 놓을 수 있다면 가히 대장부로다.

– 김구(한국의 독립운동가)

한고조 유방의 신하인 한신이라는 장군이 있었다. 유방의 명령을 받고 한신은 조나라 공격에 나선다. 한신의 군사는 1만 명도 되지 않았고, 상대방 군사의 수는 20만 명이나 되었다. 게다가 조나라 군사는 견고한 성을 쌓고 수비를 완벽하게 하고 있었다. 한신은 2천 명의 병사들에게 내일 전투를 하다가 도망하는 척할 때 빈틈을 노려 성채에 한나라 깃발을 꽂으라고 명령했다. 그런 다음 모든 주력 부대에게 강가를 등지고 포진하도록 명령했다. 이를 지켜본 조나라 군사들은 "병법(兵法)의 병(兵)자도 모르는 놈들이다."라고 비웃었다. 강을 등지는 포진법은 정석에 없었기 때문이다. 한신은 개의치 않고 성채를 공격했다.

한신의 군사를 깔본 조나라 군사는 일제히 성채를 나와 응전했다. 한신은 패주하는 척 강가의 본진으로 내달렸다. 강가에 포진해 있던 한신의 군사는 조나라의 20만 대군을 맞아 죽음을 각오하고 싸웠다. 강을 등지고 있었기 때문에 도망갈 수도 없었다. 기세등등했던 조나라 군사도 이 필사적인 저항에 당혹스러워했다. 이 때 한신의 별동기동대가 적의 성채를 점령하여 2천 개의 한나라 깃발을 휘날리자 조나라 군사는 크게 동요를 일으켰다. 군사들의 사기가 급격하게 떨어지며 여기저기서 도망가는 병사가 줄을 이었다. 양쪽의 협공으로 인해 조나라의 20만 대군은 괴멸되고 말았다.

- 출처 : 서른 번 직업을 바꿔야만 했던 남자

만약 병법대로 했다면 한신의 군사가 괴멸되고 말았을 것이다. 병법을 역이용해서 큰 승리를 이끈 한신은 상상을 초월하는 결과를 가져왔다. 이것이 바로 그 유명한 배수진의 일화이다. 인간은 누구든지 스스로가 궁지에 몰리면 엄청난 괴력이 발생하게 된다. 그 괴력이 바로 연출력으로 이어진다. 연출력이라는 것은 스스로가 궁지에 몰릴 때 위기를 기회로 만들 수 있는 무기가 된다. 앞서 연출력은 이겨놓고 승부를 하는 힘이라고 했다. 한신 장군의 경우 반드시 그 전쟁을 이겨야만 자신의 나라를 지킬 수 있었고 부하들과 국민들을 살려낼 수 있었다. 그 절박함이 함께 녹아들어 역사적인 전쟁을 했던 것이다.

그러나 굳이 자신을 궁지로 몰아넣지 않아도 되는데, 절박함이 녹아있던 한신 장군과는 달리 스스로가 게을러서 낭떠러지로 들어가는 경우가 있다. 그러면 반드시 실패할 확률이 커지게 된다. 시험을 코앞에 둔 게으른 한 학생이 있다. '아직 일주일 남았으니깐'이라고 스스로를 위안하면서 내일부터 공부를 하겠다고 다짐을 한다. 그러나 그 다짐은 3일이 가고, 5일이 가도 실행되지 않았다. 결국 시험 하루 전이 됐다. 점점 초조해지기 시작을 했고 과연 시험을 잘 볼 수 있을지에 대한 걱정을 하기 시작한다. 고민과 걱정을 안고 벼락치기 공부를 시작을 한 뒤 다음날이 되었다. 시험 당일 학생은 시험장으로 들어간다. 실제 시험을 보기까지 약 30분 정도가 남아 있었다. 신기하게도 그 30분이라는 시간은 지금까지 학생이 공부했던 양보다 훨씬 많은 정보를 습득할 수 있었다. 평소와 다른 모습의 공부 패턴을 보이는 것 자체만으로도 연출에 성공을 했다. 그러나 스스로가 게을러서 일어나는 일이었다. 충분히 사전에 모든 준비를 다 마치고 시험을 볼 수 있었음에도 불구하고 정리가 되지 않은 채 시험을 보았던 것이다. 결국 시험을 마친 후 원하는 결과를 얻는 데 실패를 하고 말았다.

연출력이라는 것은 절박함이라는 감정이 함께 할 때 폭발적인 힘을 발휘한다. 그 절박함을 가지고 한신 장군처럼 위기를 슬기롭게 극복했던, 살아있는 대표적인 인물이 있다. 바로 당신이다. 당신은 현재 절박하다. 간절함을 가지고 있다. 그렇기 때문에 독서를 하는 것이고 수많은 책 중 하나인 이 책을 읽고 있는 것이다. 간절하지 않으면 연출력의 지혜는 자라나지 않는다. 당신이 지금부터 할 수 있는 방법은 다음과 같다.

첫째, 지금 전화기를 들어서 당신보다 뛰어나고 능력 있으며, 경험이 풍부한 사람에게 전화를 걸어라. 당신을 가르쳤던 선생님일수도 있고 동네 주민일 수도 있다. 당신이 생각하기에 고민을 말하면 완벽한 해결책을 제시해줄 수는 없어도, 고민을 함께 할 수 있는 사람이라면 괜찮다. 그리고 약속을 잡아라. 전화번호부 안에는 아무리 못해도 그러한 사람 한 명 정도는 있을 것이다.

예를 들어 "안녕하세요. ○○입니다. 오랜만에 연락드립니다. 잘 지내시죠? 다름이 아니라 요즘 고민이 많은데 뾰족한 수가 떠오르지 않아서 그러는데 지혜를 구하고자 이렇게 연락을 드렸습니다." 이렇게 편하게 이야기를 시작한 뒤 반드시 전화로만 끝나서는 안 된다. 경험과 연륜이 풍부한 사람일수록 바쁠 것이니 약속을 잡을 때의 요령은 상대방에게 선택권을 주면 된다.

"얼굴 뵙고 이야기를 하고 싶은데, 월, 금, 토 중 언제가 괜찮으신가요?" 이렇게 선택권을 주면 상대방은 고민을 하게 된다. 토요일이라고 상대방이 이야기를 하면 "토요일 오전, 오후, 저녁 중 언제가 괜찮으신가요?"라고 다시 묻는다. 그렇게 약속을 잡아보자.

둘째, 경험과 연륜이 있는 사람을 약속 장소에서 만나게 되었다. 잔잔한 노래가 흘러나오고 인테리어가 멋스러운 카페에서 보기로 했는데, 당신이 먼저 만나자고 했으니 커피 한 잔 정도는 대접해야 한다. 당신은 지금 연출력의 지혜를 구하고자 상대방에게 약속을 권했고 만남까지 이어졌다. 상대방은 당신의 고민을 귀 기울여 줄 것이다. '얼마나 고민이 많고 절박했으면 만나자고 했을까?'라는 생각으로 당신의 목소리에 반응할 것이기 때문이다. 대화를 할 때에도 요령이 있다. 경청하는 자세와 호응이다. 당신에게 도움을 주기 위해 일부러 시간을 내서 오신 분이다. 그 분의 지혜를 구하고자 당신이 약속 장소로 불렀다. 따라서 최대한 큰 호응과 경청을 한다면 하나라도 더 알려주기 위해 많은 말씀들을 쏟아낼 것이다. 메모까지 하면 더욱 좋다. 그 모습이 대견해서 또 다른 결과가 나올지도 모른다.

셋째, 약속 장소에서 헤어지고 그 다음부터 당신이 할 행동들이다. 상대방이 아무리 훌륭한 방법을 제시했을지라도 연출력은 남이 해줄 수 있는 것이 아니다. 타인의 경험과 연륜을 참고 삼아 당신의 것으로 만드는 것 이상은 될 수 없다. 역설적이게도 상대방을 통해 배운 지혜보다, 당신이 전화를 걸고 헤어지기까지의 모든 과정이 절박한 연출력을 기르고 있는 것이다. 평소에 전화를 걸지 않는 사람에게 전화를 걸었고, 약속을 잡았고, 만나서 대화를 했기 때문이다.

그런 용기는 절박함 속에서 나오는 것이다.

고대 로마의 황제 마르쿠스 아우렐리우스도 "용기가 없는 사람에게는 어떤 좋은 것도 생기지 않는다."라고 했다.

실행했다는 것 자체만으로 당신의 연출력은 또 한 번 업그레이드를 하게 될 것이다. 늘 벼랑 끝에 서 있다는 생각으로 당당하게 연출하자. 기적이라는 것은 그냥 오는 것이 아니다. 하늘이 감동할 수 있을 만큼의 간절함이 있다면 하늘이 감동하여 당신에게 연출력의 지혜를 줄 것이다.

대기업이 엄청난 광고비용을 투자하는 이유

_노출의 법칙

용기를 가져라. 위험을 감수하라, 아무것도 경험을 대신할 수는 없다.

– 파울로 코엘료(브라질의 소설가)

830만 관중, 10개 구단을 합하여 5,000억 원 이상의 매출을 기록한 프로야구. 대한민국 인구 다섯 명 중 한 명이 직접 야구장에 관람하러 갔다는 것을 의미한다. 매년 관중도, 선수도, 매출도 새로운 기록을 갱신하면서 그 인기는 사상 최고를 달리고 있다. 특히 야구장의 문화가 과거와는 사뭇 다르다. 과거에는 남자들만 누리는 스포츠였다면 최근에는 가족, 연인, 친구와 함께 즐길 수 있는 문화의 공간으로 바뀌었다. TV 생중계를 보면 쉽게 그 모습들을 찾아볼 수 있다. 지역 간의 경쟁이기도 해서 야구를 하는 시즌에는 정말 뜨거운 축제장이 된다. 야구 경기는 평균 3시간 30분정도 한다. 관중석에서 시청을 하는 사람들은 치킨과 맥주를 마시며 즐길 것이고 집에서 TV로 시청을 하는 사람들도 입에 들어가는 것이 없으면 심심하다. 따라서 야구를 통해 주변 상인들의 매출도 함께 올라간다.

실제로 신한카드 빅 데이터센터가 지난 2년간 국내 6개 야구장의 반경 2킬로미터 주변에 위치한 동 단위 상권의 할인점, 슈퍼마켓, 편의점, 대중음식점, 주점, 패스트푸드점, 커피숍 업종의 월별 카드결제액을 분석한 결과, 프로야구 정규시즌의 매출이 비시즌보다 10퍼센트 이상 많았다는 결과를 보여주었다. 주변 상권의 활성화로 인해 자영업자들에게 도움이 될 뿐만 아니라 기업들에게도 많은 수혜를 가져다준다. 야구 선수들이 입는 옷을 자세히 보면 그 구단의 대표 브랜드들을 선명하게 박아놓았다. TV 중계를 통해 저절로 노출되는 효과를 줄 수 있기 때문이다. 한 회가 종료가 되고 공격 수비를 바꾸는 시기가 되면 중간에 광고를 한다. 그리고 야구장 펜스에도 기업의 광고가 있다. 연 800만 명이라는 직접 야구장에 오는 관중과 TV를 시청하는 관중까지 더하면 광고 효과는 그야말로 대박인 것이다. 많은 사람들에게 노출이 된다는 것은 비용도 만만치 않다는 것을 의미한다.

하지만 광고비용 이상의 매출을 끌어올릴 수 있기 때문에 대기업들은 엄청난 돈을 아낌없이 투자를 한다. 한 투자증권 관계자는 "타 광고매체 대비 야구장 광고효과가 단연 으뜸이다. 특히 TV 카메라가 큰 움직임 없이 장시간을 비추는 타자석 뒤나 공이 체공하는 시간 동안 카메라에 잡히는 외야 펜스 광고는 시청자들의 뇌리에 각인되는 효과가 있다. 또한 야구장은 실내경기가 아닌 만큼 야외에서 들려오는 함성 등으로 보는 사람들의 감정이 고조되기 쉬워 잠재 고객의 무의식 속으로 파고들 수 있는 효과적인 광고매체다"라고 말했다.

노출을 통해 사람들은 지속적으로 브랜드를 기억하게 된다. 자연스럽게 인지도가 올라가기 시작을 하면서 익숙한 브랜드로 자리매김을 하게 되는 것이다. 그 대표적인 사례가 '호식이 두 마리 치킨'이다. 호식이 두 마리 치킨은 비용 대비 고효율 마케팅 일환으로 스포츠 마케팅을 택했다. 야구장에 광고를 하게 된 계기다. 야구장 펜스 광고에서도 가장 비싸다는 본부석 하단의 A보드 광고를 고집했다. TV 노출 효과를 극대화하겠다는 전략이었다. 결과는 대 성공이었다. 2016년 8월 남산 서울 타워점에 1,000호점을 돌파하면서 대한민국을 대표하는 치킨 브랜드로 성장을 하게 된 것이다.

한국에 프로 야구가 있다면 미국에는 메이저리그가 있다. 하지만 메이저리그보다도 미국인들이 좋아하는 스포츠가 있었으니 바로 슈퍼볼이다. 49회 슈퍼볼에서 중계 방송한 NBC의 시청률은 무려 49.7퍼센트로 역대 최고 기록을 세웠다. 미국 내 TV 시청자수는 1억 1,500만 명에 달했다. 또한 전 세계에서 10억 명이 TV 앞에서 슈퍼볼을 시청할 것이라는 전망이 나왔다. 한마디로 슈퍼볼에서 광고를 하게 되면 파급효과는 상상 이상이라는 것을 말해주는 대목이다. 그렇다면 슈퍼볼 광고비용은 과연 어느 정도인 것인가. LA타임스는 시장조사기관 '칸타드 미디어'에 따르면 30초 분량의 TV 중계 광고 단가는 최고 60억 원이라고 한다. 눈만 깜빡하면 2억 원이 나간다는 소리다. 하지만 엄청난 광고비용에도 불구하고 브랜드 인지도를 높이는데 효과적인 수단임을 알기에 기업들은 줄을 선다. 그래서 해년마다 슈퍼볼 광고 시간은 완판이 되었다. 한국 기업 중에는 현대 기아차와 LG전자가 광고를 내보낸다.

특히 기아차는 7년 연속 슈퍼볼 광고를 하고 있을 정도로 글로벌 기업의 면모를 관객들에게 보여주었다. 일본 기업 중에는 게임 회사 닌텐도가 슈퍼볼 광고를 선보였다. 닌텐도는 60초 분량의 포켓몬스터 슈퍼볼 광고비용으로 약 120억 원을 쓴 것으로 알려졌다. 실제로 미국 시장조사기관 '브랜드 에즈'는 지난해 슈퍼볼 광고를 본 시청자 3만 7,440명을 상대로 조사한 결과 슈퍼볼 광고 이후 브랜드 구매 의사가 평균 6퍼센트 올랐다고 워싱턴포스트가 보도했다. 기업이 슈퍼볼 광고에 많은 돈을 쓰는 것은 시청률 때문만은 아니라고 한다. 미국 타임지는 "광고주들이 물건이 아닌 브랜드 이미지와 선호도를 높이기 위해 거액을 아끼지 않는다"고 얘기했다. 세계적인 기업과 함께 슈퍼볼 광고에 나란히 이름을 올리는 것 자체로 기업 브랜드 가치가 올라가는 것이기 때문이다. 이는 대통령 후보에 이름만 올리더라도 어깨를 나란히 하는 것과 마찬가지의 효과가 있는 것이다. 인터넷과 언론 매체를 통해 슈퍼볼이 끝나고 그해 최고의 슈퍼볼 광고를 꼽는 '순위 매기기'가 이뤄질 정도로 슈퍼볼 이후에도 광고 효과가 지속한다는 점도 기업들을 광고로 끌어들이는 요인이다. 광고가 화제를 모을 경우 소비자들의 소문을 타고 브랜드 인지도를 높일 수 있어 광고비의 본전을 뽑고도 남는 것이다.

수많은 기업들이 엄청난 광고비용을 지불하는 이유는 최대한 많은 사람들에게 자신의 브랜드를 노출시키기 위해서이다. 몸매가 멋진 사람이 수영장에서 수영복을 입고 걸어가면 눈길이 가는 것과 같은 원리이다. 연출이라는 것은 심심하면 안 된다. 자극적이고 강렬한 인상을 줄 수 있어야 한다. 그래서 대기업들도 위험을 감수를 하면서 값비싼 비용을 내고 광고를 하는 것이다. 그것은 쇼핑몰, 온라인 카페, 블로그 등 모든 영역에서도 해당이 된다.

당신도 노출해야 한다. 사람들의 이목을 끌 때 비로소 연출력은 극대화 할 수 있다. 대기업들과 같은 규모의 광고를 할 수는 없겠지만 당신이 할 수 있는 선에서 최선을 다 해야 한다. 그 방법 중 가장 좋은 것이 바로 블로그이다. 요즘은 블로그를 쉽게 꾸미고 관리할 수 있게 만들어져 있다. 굳이 돈을 투자 하지 않아도 자신만의 색깔을 드러낼 수 있다. 소심하고 말을 잘 못하는 사람일수록 글로 된 연출이 보여 지는 연출보다 강력할 수도 있다. 다른 사람과 경쟁을 할 필요가 없다. 오직 당신을 알릴 수 있는 것에 집중을 하면 된다.

실패를 했을지라도 그러한 경험은 분명 당신만의 스토리가 될 것이고 그 스토리를 통해 당신만의 고유의 영역을 만들게 될 것이다. 나도 20대 시절에는 '실패해도 괜찮다'라는 생각으로 잘 다니던 회사를 그만두고 꿈을 향해 서울로 발걸음을 향한 적도 있었다. 사람들에게 수많은 거절과 세상에 무너지는 경험을 할 때에는 세상에서 내가 가장 불행한 사람이라고 생각한 적도 있었다. 더 이상 잃을 것이 없게 되었을 때에는 숙연해지기까지 했다. 하지만 지금 돌이켜 보면 정말 잘했다는 생각이 든다. 실패한 경험이 축적되면서 30대에는 어떤 일이 있더라도 흔들리지 않고 나만의 길을 묵묵히 걸어갈 수 있게 되었기 때문이다. 결국 그런 경험들은 나만의 스토리가 되었고 나만의 브랜드가 된 것이다. 사람들에게 자신을 알릴 수 있는 강력한 힘이 되었고 '실패 비용'을 두려워하지 않을 수 있게 되었다. 강력하게 노출하자. 한 번 사는 인생이다. 당신의 가치를 알릴 수 있을 때까지 최선을 다해봐야 하지 않겠는가. 혹시 아는가. 누군가 당신에게 손을 내밀지.

될 수밖에 없는 분위기를
만드는 것이 연출력이다

_조향의 법칙

주사위는 던져졌다.

- 율리우스 카이사르(로마의 정치인)

서울의 코엑스(COEX), 경기도 일산의 킨텍스(KINTEX), 부산의 벡스코(BEXCO), 광주의 김대중 컨벤션센터 등 매년 다양한 주제로 큰 박람회를 한다. 그 주제로는 창업박람회, 레저박람회, 육아박람회, 취업박람회, 가구박람회, 건축박람회, 결혼박람회 등이 있다. 임신을 한 가정은 앞으로 태어날 아이를 위해 육아박람회를 갈 것이고 결혼을 앞 둔 예비부부는 결혼박람회를 갈 것이다. 박람회에 가면 관련 트렌드를 알 수 있다. 관련 업종을 한 대 모아놓기 때문이다. 뿐만 아니라 박람회에서 좀 더 저렴하게 물건을 구입할 수 있고 의외의 기회를 갖기도 한다.

나도 박람회를 갔다가 전혀 알지 못했던 기업의 설명회를 듣게 되었다. 그리고 취업으로 이어지는 경험을 했다. 또한 내가 근무하는 회사에서 박람회 안의 부스를 열고 행사를 했을 당시, 오가는 사람들을 대상으로 물건을 판매해보기도 하였다. 취업을 하고 물건을 판매할 수 있었던 이유는 무엇일까? 그것은 그 곳에서만 갖을 수 있는 '분위기'였다. 예를 들어 취업박람회에서는 구직을 원하는 사람들과 구인을 원하는 기업들이 분위기를 형성을 한다. 분위기에 압도된 기업들과 사람들은 평소보다 더욱 정성을 다해서 구인과 구직을 하게 된 것이다.

분위기가 중요하다는 것은 대한민국의 국가고시와 공무원을 준비하는 학원들과 학생들도 마찬가지이다. 오늘도 합격을 위해 열심히 준비하는 학생들이 있다. 그들 중에는 스스로 분위기를 형성하지 못해서 집을 떠난다. 그리고 노량진, 신촌 등 자신과 똑같은 처지에 있는 사람들이 있는 곳으로 간다. 그곳에는 대한민국 최고의 강사진들이 포진되어 있기 때문이다. 당신은 스타 강사들이 수업하는 곳에 가 본적이 있는가. 실제로 공무원을 준비하는 학생들의 수업에 들어가 본 적이 있다. 강사가 말 하는 것을 한 글자라도 빠뜨리지 않기 위해 집중하는 학생들의 모습이 눈앞에 펼쳐진다.

수백 명의 학생들의 모습을 뒤에서 보고 있으면 전운이 감돈다.

숨소리조차 거칠게 쉴 수 없다. 그래서 아무리 의지가 약한 학생들도 분위기에 압도되어 하게 만드는 시스템이 저절로 되는 것이다. 바로 이것이 당신의 성공을 책임질 비결이다. 분위기는 당신의 나약함을 강함으로 만들 수 있다. 분위기는 당신의 포기하고 싶은 마음을 연장시킬 수 있다. 아무것도 아닌 것 같지만 이는 군대에서도 마찬가지이다.

군대에 입대하기 전에 신체검사를 한다. 그리고 신체조건이 부적합한 사람들은 입대 대상에서 제외되고 충분히 훈련과 복무 시간을 견딜 수 있는 사람들이 입대를 한다. 한 번 걸러진 사람들이 입대를 하기 때문에 훈련의 강도가 일반 병영체험이랑은 비교가 되지 않는다. 그래서 훈련 기간에는 극도의 체력 한계가 오는 경우가 있다. 만약 그 훈련을 당신 혼자 받는다고 생각을 해보자. 아마 군대를 다녀온 사람들은 하나같이 "전우들과 함께했기 때문에 훈련을 무사히 마칠 수 있었습니다"라고 외칠 것이다. 함께하는 분위기, 해야만 하는 분위기에 그동안의 약함을 버리고 강함을 얻게 된 것이다. 그래서 군대를 다녀온 사람들은 강함을 얻는 경험을 해 보았기 때문에 철이 들었다는 말을 듣는 것이다. 당신의 브랜드를 알리고 극대화시키기 위해서는 잘 되는 분위기를 형성하는 것이 매우 중요하다. 왜 같은 회사에서 잘 되는 조직은 계속 잘 되겠는가.

연출은 곧 분위기이고 분위기는 곧 연출이다. 분위기는 한 번 타기 시작하면 계속 상승하게 된다. 잘 되는 분위기를 계속 만들어 나가야 한다. 추종하는 세력이 있다면 훨씬 극대화 시킬 수 있을 것이다. 한 두 명의 사람이 세 네 명의 사람이 되고, 될 수밖에 없는 분위기가 만들어지게 되기 때문이다.

이는 세계적으로 성공한 IT기업들의 모태가 되었던 실리콘벨리에서도 분위기를 형성하는 것이 얼마나 중요한지를 알 수 있다. 실리콘벨리는 미국 캘리포니아 주 샌프란시스코 만 지역 남부에 위치해 있다. 처음에는 실리콘 칩을 제조하는 회사들이 많이 모여 있어서 붙여진 이름이었다. 차츰 발전해서 지금은 우리가 상상했던 모든 첨단 기술들이 집대성한 곳으로 발전을 이루었다. 미국뿐만 아니라 전 세계적인 기술혁신의 상징이 되면서 수많은 인재들이 도전하기 위해 모여들게 된 그곳은 실패를 당연하게 생각하는 분위기가 형성되어 있다.

유엔미래포럼 실리콘지부에서 일하는 기업가의 말이다.

"실패하지 않으면 시작한 것이 아니다. 이곳 실리콘밸리 젊은이들은 실패하기 위해 시작하고 실패를 통해 배우며, 실패를 하더라고 빨리 실패하고 즉 빨리 잊고 다른 시작을 해야 하며, 실패

에 연연하고 우울해하거나 다시 일어설 수 없는 나약한 사람은
어떤 고용시장에서도 원치 않는다는 것이다."

처음부터 성공은 절대 있을 수 없다고 생각한다. 수많은 시행착
오를 통해서만 원하는 것을 이룰 수 있다고 본다. 심지어 실패를 단
한 번도 해보지 않는 사람은 일자리도 없을 것이라고 한다. 그렇게
누적된 실패와 경험을 바탕으로 성공했던 기업들이 바로 우리가 다
알고 있는 구글, 페이스북, 애플, 테슬라 등이 있다. 그래서 이 지역
은 미국 어느 지역보다도 부유하게 되었고 연 소득 8만 달러를 넘
게 되었다. 실패를 당연하게 생각하는 분위기, 성공할 때까지 할 수
있게 지원이 되는 환경은 인재들 안에 있는 잠재력을 더욱 불태울
수 있게 만든 것이다.

성공은 분위기로 좌지우지 되는 경우는 세계 최고의 선진국 중
하나라고 할 수 있는 스웨덴에서도 찾아볼 수 있다. 설문조사에서
'스웨덴' 하면 어떤 이미지가 떠오르는지 조사를 했던 통계가 있다.
겨울, 스케이트, 예쁘고 동화, 노벨평화상, 복지국가, 행복한 나라,
유아교육이 잘 되어있는 나라, 크리스마스 느낌 등 부정적인 단어를
찾아보기 어렵다. 노인행복지수 세계 3위(2016), 살기 좋은 나라 세
계 5위(2016), 행복 지수 세계 6위(2016), 청렴도 세계 4위(2015)를
자랑할 정도로 삶의 질이 높다. 아쉽게도 정치인들도 대한민국이랑

비교를 안 할 수가 없다. 지난해 서울대 행정대학원이 OECD 국가별 정부 경쟁력을 조사했다. 우리나라 국회의원 연봉은 1인당 국민소득의 다섯 배가 넘지만, 스웨덴은 최하위 권이다.

그러나 연봉에 비해 얼마나 일을 잘하는지 따져보면 정반대의 결과가 나온다. 정치는 특권을 누리기보다는 봉사하는 직업임을 스웨덴 국회의원들은 행동으로 보여주고 있는 것이다. 또한 대한민국 국민들이 먹고 사는 문제를 고민할 시간에 그 나라 사람들은 어떻게 하면 행복할 수 있을까를 고민한다. 스웨덴은 나이가 들어 소위 굶을 걱정을 하지 않아도 될 정도로 복지가 잘 되어 있다. 퇴근 시간도 보통 오후 세시에서 네시 사이이다. 그 이후의 삶을 자신을 위해 투자가 가능하다. 심지어 스웨덴 기업들은 대부분 1년에 5주에서 8주의 휴가를 사용할 수 있어서 한 달 동안 자유롭게 여행도 가능하다. 우리나라에서는 꿈같은 얘기가 아니겠는가? 한 두 명의 목소리로 지금의 스웨덴이 된 것은 아니다. 국민들은 불합리하고 잘못된 것에 거침없이 얘기를 했다. 한 사람에게 힘이 몰린 형태의 조직이 아닌 누구나 말을 하면 수용이 되는 분위기가 형성이 되었다. 좀 더 합리적인 방법이 있을 경우 그 누구라도 이야기를 하면 귀 기울여 주는 분위기이다. 삶의 질을 높이는 것도, 불합리한 것과 맞서서 통과되는 것도 분위기가 결정을 한다.

지금까지 분위기가 중요하다는 것을 국가와 기업과 개인의 사례를 통해 알아보았다. 분위기에 휩쓸릴 것인가, 아니면 분위기를 이끌어나갈 것인가에 따라 승부가 나게 되어있다. 당신의 브랜드의 상승세를 만들기 위해 어떻게 분위기를 형성할지에 대해 반드시 치열한 고민이 들어가야 한다. 그것은 당장 돈이 되지 않아도 된다. 삶을 마감할 때까지 기나긴 경주에서 승리를 하면 되기 때문이다.

'까짓 것 한판 붙어보자' 혹은 '한 번 해보자'라고 하는 에너지로 치고 나갈 수 있어야 한다. 만약 책을 쓰는 작가라면 대한민국 사람들이 좀 더 책 읽는 문화를 형성할 수 있도록 치열하게 분위기를 만들 줄 알아야 한다.

만약 창업을 하는 사람이라면 '창업을 했을 때 실패해도 괜찮다'라는 분위기를 앞서서 만들어 나가야 한다. 회사를 다니는 직장인이라면 자신이 속한 팀에서 활기차고 될 수밖에 없는 분위기를 이끌어 나가야 한다. 당신이 시작을 하면 누군가는 반드시 조력자 혹은 응원하는 사람이 생기게 될 것이다. 늘 분위기를 만들었던 사람들이 있었기 때문에 지금의 당신, 지금의 기업, 지금의 대한민국이 있는 것이다. 원하는 것을 얻을 수 있는 분위기를 꼭 만들기를 진심으로 바란다.

쓰레기더미 안에서도 향기를 만들어 내는 것이 연출하는 방법이다

_정글의 법칙

안목이 크면 천지가 작아 보이고 마음이 높으면 태산도 낮아 보인다.

– 이상정(조선의 문신)

"나는 다섯 차례나 죽을 고비를 넘겼다."

대한민국 15대 대통령을 했던 김대중 전 대통령의 말이다. 정치적인 색깔을 내려놓고 그의 인간적인 역사만 놓고 보자. 가난한 섬에서 태어나 대한민국에서 성공하기 위해 필요한 학연, 지연, 혈연 하나 없이 청와대까지 입성을 한 것은 대단한 업적이 아니겠는가. 얼마나 독한 마음을 먹었으면 쓰레기더미 안에서도 향기를 만들어 낼 수 있었을까. 김 전 대통령의 첫 번째 죽을 고비는 1950년 한국전쟁 당시 인민군에게 체포돼 감옥에 갇혀있을 때였다. 총살직전에 기적적으로 탈출해 목숨을 건졌다.

두 번째는 1971년 4월 대통령선거에 이어, 5월에 실시된 제8대 국회의원 선거 때 서울 후보지원 유세를 위해 서울행 비행기를 타기 위해 달린 광주-목포 간 도로 무안지점에서 갑자기 돌진한 14톤짜리 대형트럭에 받혀 교통사고를 당했다. 김 전 대통령은 당시 사고의 후유증으로 평생 지팡이 신세를 지게 됐다. 세 번째와 네 번째는 1973년 일본 도쿄에서 발생한 납치사건과 관련돼 있다.

일본 NHK가 구성한 김대중 자서전에 따르면 일본의 그랜드팔레스호텔 복도에서 김 전 대통령은 중앙정보부의 요원들에게 납치돼 처음에는 호텔방 욕실에서 토막 살인될 뻔 했다. 그들은 여의치 않자 김 전 대통령을 배로 옮겨 손발을 묶고 현해탄 한가운데에서 수장하려 했지만 미국의 개입으로 실행에 옮기지 못했다. 이 사건과 관련, 김 전 대통령은 도쿄 피납 생환 36주년 기념식을 앞두고 서거해 주위를 더욱 안타깝게 하고 있다.

다섯 번째 고비는 1980년 신군부에 의한 사형선고이다.
5·18광주민중항쟁이 일어났던 하루전날인 5월 17일 김 전 대통령은 정권전복을 꾀한 주목자로 지명돼 남산 중앙정보부 지하실로 끌려간다.
이어 군법회의와 대법원에서 내란음모죄 등 7가지 죄목으로 사형선고를 받았으나 국내외의 구명운동과 미국의 개입으로 무기징

역으로 감형된 뒤 미국 망명길로 오르면서 살아날 수 있었다.

- 출처 : 김대중 자서전

그럼에도 불구하고 국민들이 가장 존경하는 대통령 중 한 사람이 되었다. 평화에 기여한 대가로 노벨평화상까지 받으면서 전 세계인들의 인정을 받았다. 수십 번 포기하고 싶고 수차례 멈추고 싶었을 것이다. 그러나 아무리 현실이 처참하더라도 꿋꿋이 자신이 가야 할 길을 걸어갔다. 결국 자신만의 향기를 피웠다. 광주에 위치한 김대중 컨벤션센터 건물 한쪽에 그의 업적을 기리는 자료들이 있다. 그가 옥중에 쓴 편지를 보면 정말 깨알 같은 글씨로 가족에게 쓴 글이 있다.

그 힘듦 속에서도 피어나는 향기는 비록 초라한 감옥 안에서도 막을 수 없었다. 당신이 최악의 상황에 살고 있더라도 김대중이라는 한 사람의 역사보다는 더 낫지 않겠는가. 죽을 고비를 넘길 만큼 죽을 각오로 세상에 덤벼야 한다. 이와 같은 마음가짐을 맹자께서도 이야기를 했다.

"하늘이 어떤 사람에게 장차 큰 사명을 맡기려 할 때는 반드시 먼저 그 마음과 뜻을 괴롭게 하고, 그 몸을 지치게 하고, 그 육체를 굶주리게 하고, 그 생활을 곤궁케 하여, 하는 일마다 어지럽게 하느니, 이는 그의 마음을 두들겨서 그 성질을 참게 하여, 지금까지 할 수 없었던 하늘의 사명을 능히 감당하도록 하기 위해서이다."

지금 힘들다면 다행이다.

젊은 때 힘들어봐야 살아가면서 고통을 감내할 수 있는 마음을 가질 수 있게 된다. 그리고 하늘의 사명을 감당하면서 더 높은 자리로 당신을 끌어올릴 것이다. 어떤 일이 있어도 감당할 수 있는 마음, 당신이 가져야 할 마음가짐이다. 무슨 일이 있어도 이길 수 있는 궁극적인 힘은 바로 당신에게 달려있다. 이와 관련된 우리가 잘 아는 유명한 일화가 있지 않는가. 원효스님께서 중국의 당나라에 유학을 갈 때 어느 동굴에서 잠을 자다가 목이 말라 어둠 속에서 물을 마셨는데, 다음 날 깨어보니 자신이 마신 물그릇이 시체가 썩어있는 사람의 해골이었다.

그리고 전날 밤 그렇게 맛있게 먹었던 그 물이 다음 날 일어나서 보니 속이 울렁거리고 구역질이 나는 그런 물이었다는 사실을 알게 된다. 그래서 원효스님은 세상의 모든 것은 그 대상에 있는 것이 아니라, 마음을 어떻게 먹느냐에 따라서 변화될 수 있는 것이라고 깨달았다고 한다. 그 이야기에서 나온 말이 일체유심조(一切唯心

造)이다. 모든 것은 마음먹기에 달려있다는 뜻이다. 이는 성경에 나온 잠언 구절 중에서도 찾아볼 수 있다. 또한 미국 하버드대학 출신 정신과 의사 칼 메닝거도 "어떤 일을 당했느냐 보다 그 일을 어떤 정신 자세를 갖고 대처해 가느냐"가 더욱 중요하다고 했다. 마음가짐은 곧 정신력이다. 스스로 강력한 동기부여가 필요하다. 당신이 환경 탓을 하지 않고 강력한 정신을 갖기 위한 실천법을 제시한다.

첫째, 3일 동안 모든 것을 잃었다고 생각해보자. 돈도, 가족도, 친구들도 뒤를 돌아봐도 정말 아무것도 없다는 마음을 먹어보자. 휴대폰도 내려놓자. 한 끼 사먹을 돈이 없어서 굶어도 보고 버스비가 없어서 한 시간이고 두 시간이고 걸어가 보자. 세상에 나를 도와줄 사람도 없고 오직 세상을 이겨내고 홀로 우뚝 서야 된다는 생각이 들 때까지 처절해져보자. 최고의 교육은 직접 경험해보는 것이다. 그렇게 처절해지면 사소한 것에도 소중하다는 것을 느끼게 된다. '있을 때 잘해 후회하지 말고'라는 가사 말이 있는 것처럼 늘 옆에 있을 때는 잘 알지 못한다. 그런 마음들을 깨닫게 된다면 현재 가지고 있는 것만으로도 쓰레기더미 안이 아니라 향기가 넘치는 꽃길이라는 것을 알게 될 것이다.

둘째, 호스피스 병동 또는 장례식장으로 발걸음을 옮겨보자. 삶은 허무하고 짧다. 죽음을 앞 둔 사람, 이미 먼저 세상을 떠난 사람들을 보면서 그것을 깨달아야 한다. 당신이 지금 숨을 쉬고 살아가는 것만으로도 기회를 얻을 수 있다. 우리가 이 땅에 태어난 이유는 분명 있다. 그리고 반드시 이루어야 할 사명이 있다. 그 사명을 완수하지 못한 채 생을 마감했던 수많은 사람들은 당신을 부러워하지 않겠는가. "사는 것이 힘들다고 낙망하지 말라. 어깨에 짊어진 무거운 짐이, 스스로의 사명을 완수하도록 강요한다. 이 짐에서 벗어나는 길은 자기의 사명을 완수하는 길뿐이다. 당신에게 맡겨진 일에 책임을 다했을 때 무거운 짐에서 벗어날 수 있다"라고 미국의 사상가 에머슨도 얘기했다. 좀 더 크고 넓고 깊고 멀리 생각하면서 당신이 진정 이 땅이 이루어야 할 사명을 완수할 때까지 절대 머무르지 않겠다는 마음가짐을 가져야 한다.

셋째, '게으름은 곧 죽음이다'고 늘 눈에 보이게 둬두자. 성공한 뒤에 여유 있는 것과 처음부터 게으른 것은 전혀 다른 이야기이다. 게으른 사람은 이미 실패할 확률이 아주 높다. 앞서 말했던 마음가짐을 가져도 게으르다면 아무 소용이 없다. 게으르다고 해서 멍청하거나 수준이 낮은 것은 아니다. 오히려 학술지 '건강 심리학저널'에 게재된 새로운 연구에 따르면 머리가 좋은 사람들은 한가롭게 시간을 보내는 경우가 많다고 한다. 그러나 대한민국의 사회는 게으른 사람에게는 절대 용납이 되지 않는다. 오죽 하면 야근하는 문화가 당연시 되겠는가. 아침 여섯 시에 눈을 뜨기로 했으면 하늘이 무너져도 일단 일어나야 한다. 그날 하루의 컨디션이 좋을 것 같지 않다는 핑계조차도 용납을 해서는 안 된다. 그런 마음가짐들이 쌓이고 쌓여야만 큰일을 하게 될 당신의 앞날에 향기를 피울 수 있게 되는 것이다.

곧 죽을병에 걸려도 살고자 하는 의지가 강하면 살아있는 것이고, 살아있어도 죽은 것처럼 멍하니 시간을 소비하면 죽은 것이나 마찬가지인 것이다. 당신이 쓰레기더미에 살고 있어도 마음만은 향기를 낼 수 있어야 한다. 지방에 살고 있고 30년이 된 아파트에 살고 있어도 강남 주상복합 타운에 사는 것보다 더 빛나는 사람이 되어야 한다. 가진 것이 아무것도 없어도 다 가진 사람보다 눈빛이 살아있어야 한다. 누가 뭐라고 해도 주눅 들지 않고 당당하게 앞으로 나가야 한다. 정말 한강다리에서 뛰어내릴 각오로 덤벼들어야 한다. 그런 강력한 마음가짐을 장착하게 된다면 당신이 살아가는 세상이 아무리 힘들고 어려워도 그것은 문제가 되지 않을 것이다. 아름다운 향기를 뿜어내면서 오늘도 업적을 남기는 하루가 되기를 진심으로 바란다.

영원한 것은 없지만 영원한 기억을 만드는 것이 연출의 기술이다

_메모리의 법칙

비난은 잠시뿐, 기록은 영원하다.

– 김영덕(한국의 야구감독)

"이 세상에서 영원한 것은 아무것도 없다. 어떤 어려운 일도, 어떤 즐거운 일도 영원하지 않다. 모두 한 때이다. 한 생애를 통해서 어려움만 지속된다면 누가 감내하겠는가. 다 도중에 하차하고 말 것이다. 모든 것이 한때이다. 좋은 일도 그렇다. 좋은 일도 늘 지속되지는 않는다. 그러면 사람이 오만해진다. 어려운 때일수록 낙천적인 인생관을 가져야 한다. 덜 가지고도 더 많이 존재할 수 있어야 한다. 이전에는 무심히 관심 갖지 않던 인간관계도 더욱 살뜰히 챙겨야 한다. 더 검소하고 작은 것으로써 기쁨을 느껴야 한다. 우리 인생에서 참으로 소중한 것은 어떤 사회적인 지위나 신분, 소유물이 아니다. 우리들 자신이 누구인지를 아는 일이다."

법정 스님의 저서 '무소유'에서의 내용이다.

영원한 나라도, 영원한 기업도, 영원히 사는 사람도 없다. 세상은 유한하기 때문에 현재를 즐기면서 뜨거운 시간을 보내야 한다. 유한하다는 것을 인정하고 세상을 바라보게 되면 가장 중요한 것들이 무엇인지를 알게 된다. 예를 들어 옆에 있는 가족, 함께 있는 사람들, 자라나는 아이들의 모습, 지금 먹고 있는 밥과 반찬, 전화할 사람이 있다는 것, 잠을 잘 수 있는 공간이 있다는 것 등이 될 수 있다. 정말 중요한 것들은 주변에서 일어나고 있는 소소한 행복들이다. 그래서 오늘 최선을 다하고 후회 없는 삶을 살아야 하는 것이다. 영국의 역사가이자 문인인 토마스 칼라일도 자신의 시에서 다음과 같이 노래를 한다.

어제는 이미 과거 속에 묻혀 있고
미래는 아직 오지 않은 날이라네
우리가 살고 있는 날은 바로 오늘
우리가 사용할 수 있는 날은 오늘
우리가 소유할 수 있는 날은 오늘뿐 오늘을 사랑하라.
오늘에 정성을 쏟아라.
오늘 만나는 사람을 따뜻하게 대하라.
오늘은 영원 속의 오늘.
오늘처럼 중요한 날도 없다.

오늘처럼 소중한 시간도 없다.

오늘을 사랑하라.

어제의 미련을 버려라.

오지도 않은 내일을 걱정하지 말라.

우리의 삶은 오늘의 연속이다.

오늘이 30번 모여 한 달이 되고

오늘이 365번 모여 일 년이 되고

오늘이 3만 번 모여 일생이 된다.

오늘을 사랑하라.

세상에 영원한 것은 없기 때문에 지금 이 순간에 최선을 다해야 하는 것이다. 그러나 영원한 것은 없어도 영원한 기억을 만들 수는 있다. 네팔이라는 나라를 갔을 때였다. 생애 첫 해외 봉사활동을 간 곳이기 때문에 20여 년이 다 되어가도 그 날의 순간들은 또렷이 기억난다.

네팔 카트만두 공항에 도착했을 때 그 나라 특유의 냄새를 맡고 문화 충격을 받았던 기억, 우리나라보다 지대가 높아서 고산병에 걸려 고생한 기억, 눈부신 히말라야를 보면서 꿈을 키웠던 기억, 산을 오르다가 너무 멋진 광경에 넋을 놓고 바라보던 기억, 길 가운데 소가 있으면 소가 지나갈 때까지 정체된 차 안 속에서의 기억 등 엊그제 다녀온 것처럼 또렷이 떠오른다. 많은 시간이 흘렀음에도 불구하고 그 때를 생각하면 지금도 애잔하면서 가슴이 두근거린다. 다시는 과거로 돌아갈 수는 없지만 내 머릿속에 영원히 기억되어서 기억하고 싶을 때마다 꺼내볼 수 있게 되었다. 어떻게 기억들을 잘 보관하게 되었을까?

기억을 잘 했던 이유는 기록을 잘 해두었기 때문이다. 기록이라는 것은 보관만 잘 해두면 시간이 지나도 없어지지 않고 영원히 남기 때문이다. 기록은 단지 글로만 남겨두는 것이 아니라 사진, 동영상을 포함한 총체적인 것을 말한다. 그래서 기록을 잘 하게 되면 그것은 당신의 정보가 될 것이고 지속적으로 누적이 될 것이다. 누적된 정보를 가지게 되면 세상을 살아가는 데 큰 지혜가 된다. 그 지혜가 바로 당신이 사람들에게 연출을 하는 무기가 되는 것이다.

수많은 사람들 앞에서 강연을 하는 유명한 강연자들도 처음에는 평범했다. 그 중에서도 소통학의 대가 김창옥 교수는 원래 성악을 전공했던 사람이었다. 그러나 자신의 재능이 다른 사람들보다 돋보이거나 차별점이 없다는 것을 알게 된다. 세상에는 정말 실력 있는 사람이 많아도 너무 많았기 때문이었다. 특히 대한민국에서 예술을 한다는 것은 권위와 명성을 얻지 못하면 배고플 수밖에 없다. 이대로는 안 되겠다 싶어 결국 자신의 진로를 심각하게 고민을 했고 다시 한 번 자신이 정말 잘 하는 것이 무엇인지를 가슴 깊이 고민을 하기 시작했다.

그는 주변 사람들이 자신이 하는 말에 공감을 잘 해주고, 동기부여를 받고, 삶의 방향성을 잡아가는 사실에 너무 행복했다. 그 길로 가야겠다는 생각과 함께 자신의 경험담, 생각들을 기록하기 시작을 한다. 그것이 바탕이 되어 그는 강의를 할 때마다 자신의 경험담을 계속 꺼낼 수 있게 되었다. 그의 강의를 들으면 '어떻게 저 많은 경험담을 자세한 부분까지 다 기억할까?'라고 생각이 들 정도로 완벽에 가까운 강연을 한다. 결국 대한민국을 대표하는 최고의 소통학의 대가가 되었다. 그리고 현재까지도 현역에서 수많은 사람들의 니즈를 잘 전달해주고 있다.

조선시대를 대표하는 지성인 중 한 사람으로서 방대한 기록을 남긴 사람이 있다. 일 년에 한 권의 책을 쓰는 것도 대단한 일인데, 글을 쓰기 시작하고 나서부터 18년 동안 무려 500여권의 책과 2,500여 편의 시를 저술한 사람이 있다.

바로 다산 정약용 선생이다. 그는 목민심서, 대동수경, 소학지언, 악서고존, 상의절요, 경세유표 등 수많은 명저를 남겼다. 그 중에서도 자신이 유배지에 있는 동안 수많은 독서와 사색을 통해 기록한 것을 엮은 '유배지에서 보낸 편지'는 책이 출간되자마자 베스트셀러에 올랐고 지금도 사람들에게 뜨거운 인기를 받고 있다.

시대를 앞서는 그의 기록은 사람들에게 교훈, 감탄, 깨달음을 주었다. 특히 아들들에게 험난한 시대를 지혜롭게 살아가는 방법에 대해 기록한 구절은 현재, 그리고 머나먼 미래에 적용해도 전혀 손색이 없다. 그가 시대를 넘나드는 통찰력을 가질 수 있었던 비결은 방대한 독서라고 이야기를 했다.

그는 유배지에서 "유배지에 도착해서 방에 들어가 창문을 닫고 밤낮으로 혼자 외롭게 살았다. 나에게 말을 걸어주는 사람 하나 없었기 때문이다. 그러나 나는 오히려 그런 상황이 고마웠다. 그래서 '나는 이제야 책을 읽을 여유를 얻었구나.' 하면서 기뻐했다."라고 했다.

기록이라는 것은 중요하다고 앞서 얘기를 했다.

하지만 독서와 사색을 한다면 좀 더 풍요롭고 다채롭게 기록을 할 수 있게 될 것이다. 더 나아가 당신의 과거, 현재, 미래와 상관없이 언제나 통용될 수 있는 지혜가 샘솟게 될 것이다. 그것은 당신을 드러내고 알릴 수 있는 강력한 힘이 될 것이라 믿어 의심치 않는다.

그 밖에도 정약용 선생의 지금까지 인정받을 수 있었던 이유는 정치, 경제, 지리, 천문, 음악 등을 막론하고 어느 분야에도 거부감 없이 수용할 수 있었던 자세였다. 그는 천문학, 지리학, 물리학, 건축학, 의학 등 다방면에 걸쳐 조예가 깊었다. 그렇게 지식을 통찰하고 세상을 관조적으로 바라볼 수 있는 힘이 생긴 것이다. 결국 조선 후기에 실학을 집대성 할 수 있었고 진보적인 사회개혁안을 제시할 수 있었다. 그 모든 것이 기록이라는 힘에 있었던 것이다. 정약용 선생이 한 시대의 향기를 남긴 것처럼 당신도 당신만의 기록을 통해 향기를 남겨보는 것은 어떨까.

기록은 기억을 저장해놓는다. 합격과 불합격을 가르는 힘이다. 그리고 한 명을 가르쳐도 수십 명을 가르친 효과를 가져 올 수 있는 힘이 있다. 또한 기록은 처음 발령받은 곳에 최대한 빨리 적응을 하고 진짜 실력을 제대로 보여줄 수 있는 힘이 있다. 기록을 잘 하고 영원한 기억을 만드는 사람은 시간이 지났을 때 더 높은 곳으로 올라갈 것이다. 당신이 경험했던 것들을 잘 기록해놓기 바란다. 언제 어떻게 사용될지 그건 아무도 모른다. 지금은 장소에 상관없이 관객들과 소통을 할 수 있는 버스킹 하는 문화가 확산되고 있다.

그래서 당신이 마음만 먹는다면 휴대용 앰프와 마이크를 들고 당신의 인생을 이야기 할 수가 있다. 그 무대 위에서 아무 것도 할 말이 없다면 오히려 역효과가 날 것이다. 연출과 포장을 잘 하는 사람은 경험담으로 무장되어 있다. 평범한 내용도 비범하게 드러낼 줄을 안다. 더불어 다른 사람의 경험들도 가져와서 이야기 할 줄도 안다. 다른 사람의 경험과 당신의 경험이 만나면 그 효과는 배가 될 것이기 때문이다. 이 모든 힘들은 기록에 있음은 기억해라. 그리고 그 지혜를 통해 세상 누구에게 연출을 해도 절대지지 않을 것이다.

운동에 타고난 사람과 공부에
타고난 사람은 포장법이 다르다

_ 달란트의 법칙

사람에 따라 재능의 씨앗은 특별한 면을 가지고 있다.
아무리 좋은 배나무라도 작은 사과 하나 열리지 않는다.
남을 모방하는 것은 어리석은 일이다. 작든 크든 그대의 특성을 살려라.

– 라 로슈푸코(프랑스의 작가)

부유한 가정에 태어난 사람은 그렇지 못한 가정에 비해 스트레스가 적다. 실제로 영국 명문대학 중 하나인 캠브리지 대학 공동 연구팀에서 자료조사를 토대로 "이론적으로 부모의 소득이 낮으면 가정에서 받는 스트레스와 불안감이 높아지기 때문이라는 것은 쉽게 추측이 가능하다"라고 얘기를 하면서 "전문직에 종사하는 부모 덕분에 부유한 환경에서 자란 사람이 적극적이고 말하기 좋아하고 열정적인 성향을 갖게 될 가능성이 높은 것으로 나타났다"고 말한다.

즉, 사람들은 자라온 환경과 부모님의 재력 정도에 따라 영향을 받는다. 특히 요즘은 개천에서 용 나는 시대는 이제 옛 말이 되어 버렸다. 명문대를 입학하는 비율이 강남이나 성북구처럼 부유한 동네 출신의 비율이 높아지는 현상을 보면 알 수 있다. 하지만 명문대를 갔다고 행복지수가 높을까? 미국의 한 대학이 응용심리학저널에 소개한 연구결과를 보면 명문대학 출신일수록 오히려 행복지수는 낮으며 특히 단명할 가능성이 높다고 한다. 이는 그들의 학력, 직업, 소득 등을 종합 분석한 결과를 담은 것이다. 조사 결과 야망이 큰 사람일수록 명문대학에 진학해 누구나 부러워하는 직업을 갖고 고소득을 버는 비율이 많았다.

　하지만 높은 교육수준도, 성공적인 사회생활도 삶에 대한 만족감을 충족시키는 못한 것으로 나타났다. 특히 같은 명문대 출신이지만 상대적으로 임금수준이 낮은 직업에 종사하면서 야망에 비해 인생의 성취도가 빈약한 사람들은 고소득을 버는 성공한 또래와 비교해 행복지수는 크게 다르지 않았으나 단명할 위험은 더 큰 것으로 분석됐다.

- 출처 : 미주 한국일보

　이는 부유함과 가난함, 명문대와 지방대와 같은 문제가 아니라 단지 물질적인 것을 어느 정도 지원 하느냐의 차이일 뿐이다. 물론 스트레스와 불안감이 덜 하는 것도 있고 한 번 실패했을 경우 다시 일어날 수 있는 지원이 가능하기 때문에 좀 더 자신이 원하는 것을 빠르게 찾을지도 모른다. 하지만 그것은 시간의 차이일 뿐이다.

가난과 역경을 통해 자신이 정말 원하는 삶을 사는 사람들은 주변에서 쉽게 찾아볼 수 있다. 수많은 사람들에게 용기와 희망의 메시지를 주었던 오프라 윈프리, 너무 가난했지만 춤과 노래를 사랑해서 끝까지 꿈을 포기 하지 않아 결국 꿈을 이룬 YG엔터테이먼트 양현석 대표 같은 사람들이 바로 그 대표적 인물이다. 물질적으로 성공했을 뿐만 아니라 자신의 기질에 따라 원하는 삶을 살고 있는 것이다.

그렇다면 기질이란 무엇인가. 성격의 타고난 특성을 말한다. 말을 많이 하는 것을 좋아하는 사람에게 말을 못하게 하는 것은 그 사람을 불행하게 만드는 일이다. 다시 말해서, 기질에 맞는 일을 한다는 것은 행복지수를 높일 수 있음을 의미한다. 그것은 마치 사랑하는 사람과 연애를 하는 것과 같다. 나는 정말 방방 뛰는 스타일인데 상대방이 그것을 이해하고 배려해준다면 오래도록 연애를 이어나갈 수 있게 되는 것과 같다. 당신은 운동을 좋아하는가? 아니면 앉아서 책을 읽는 것을 좋아하는가? 음악을 비롯한 예체능에 호기심이 가는가? 잘 모르겠다면 지금까지 살아오면서 어떤 것에 행복을 느꼈고 관심을 가졌는지 생각을 해보자.

사람마다 분명히 몸에 맞는 옷이 있다. 그 옷을 입었을 때 비로소 실력도, 능력도, 포장도 극대화 할 수 있기 때문이다. 만약 골프

천재 박세리 선수가 골프를 하지 않았고 다른 운동을 했더라면 지금과 같은 명성을 얻을 수 있었겠는가. 워낙 운동신경이 좋았기 때문에 다른 운동을 해도 잘했을 것이다. 하지만 지금의 명성을 쌓아 올릴 수는 없을 것이다.

배우 이병헌도 마찬가지다. 연기력으로는 흠을 찾아 볼 수가 없을 만큼 완벽한 배우다. 네이버 영화 다운로드 순위에는 늘 이병헌이 출연한 작품이 수년 째 10위권 안에 들 정도로 여전히 명품배우로 인정을 받고 있다. 만약 그의 부모님이 천재적인 재능을 몰라보고 기업에 취직하라고 강요 했거나 공무원을 했다면 자신의 삶을 만족하면서 살고 있었을까. 아마 자신의 재능을 알지도 못한 채 매달 받는 월급을 기다리며 불행 속에서 살고 있을지도 모른다.

불행히도 대한민국 교육 시스템은 다양성을 존중해 주지 않는다. 성적순으로 대학의 순위가 결정이 되고 들어가는 학과가 결정이 된다.

음악을 하고 예술을 하면 배고프다는 이유로 보수적인 부모님 같은 경우에는 직업으로 생각조차 못하도록 만든다. 그래서 한국에서 스티브 잡스가 태어났다면 절대 애플 같은 기업을 만들 수 없다고 얘기를 한다. 그렇다고 당신이 지금까지 만들어놓은 교육 시스템을 뒤집을 수는 없는 노릇이다. 따라서 주관을 갖고 당신이 진정 무엇을 원하고 좋아하는지 마음의 소리에 귀 기울여야 한다.

아무리 돈을 많이 벌고 명성을 쌓아도 자신의 색깔에 맞지 않는 옷을 입게 되면 겉으로는 화려해도 속 빈 강정이 될 수 있다. 결국 자기만족을 얻을 수 있는 것이 자신의 기질이고 그것을 잘 이용해서 연출력을 발휘해야 극대화 시킬 수 있는 것이다.

한 분야에 성공했던 운동선수, 배우, 연예인, 정치인들 모두는 처음부터 자신에게 맞는 옷을 입고 시작을 하지 않았다. 당신도 생각지도 못한 재능을 찾기 위해 머릿속으로 과연 내가 할 수 있을까? 라고 생각하는 것들에 도전을 해보자. 머뭇거리기에는 인생이 너무 짧다. 헐리우드 세계적인 배우들도 처음부터 유명해 질것이라고 생각을 하지 않았다. 팝콘 판매원이었던 니콜라스 케이지, 인명 구조원이었던 숀 코네리, 볼펜 판매원이었던 조니 뎁, 스트리퍼 운전기사였던 브래드 피트 등 자신의 기질에 맞는 것을 찾았기 때문에 세계적인 스타가 될 수 있었던 것이다.

당신도 당신에게 맞는 옷이 있다. 기질에 맞는 옷을 입게 되면 그 자체를 즐기기 때문에 사람들에게 진실 그대로를 보여줄 수 있다. 굳이 연출을 하려고 노력을 하지 않아도 그 자체가 강력한 연출력을 갖게 된다. 그래서 기질을 찾기 위한 여행은 어쩌면 당신의 평생 숙제일지도 모른다. 그 숙제를 해결하기 위해 매일이 바쁘고 다른 생각을 할 수 있어야 하는데, 지금의 젊은이들은 주어진 조건에 맞게 순응하며 살아간다.

내가 어떤 선택을 했을 때 실패를 했을 경우 다시 일어나지 못할까에 대한 두려움이 있기 때문이다. 돈이 없고 사회가 어려워서 취업이 안 된다는 것은 전부 핑계다. 취업만 생각하면 그렇게 되는 것이다. SBS에서 하는 '영재발굴단' 프로그램에 나오는 영재들을 본 적이 있는가. 지금까지 수백 명의 영재들이 출연했다. 그들에게는 공통점이 있다. 자신이 좋아하고 원하는 일을 어렸을 때부터 찾았다. 그래서 한 번 좋아하는 것을 시작하면 시간 개념 자체를 잊어버린다.

그 문제가 풀릴 때까지, 그 곡이 완성이 될 때까지, 자신이 만족할 때까지 뜨겁고 치열하게 해결책을 찾는다. 그리고 누가 시키지 않아도 끝까지 집념을 한다. 피곤조차 잊어버린다. 잘 모르겠다면 그들의 행동 속에서 답을 찾을 수 있다. 당신도 분명 어렸을 때 심장이 뛰는 경험을 해 보았을 것이다. 시간이 지나버렸기 때문에 기억이 가물가물 할 수도 있고 지금의 시대와는 맞지 않는 것일 수도 있다. 하지만 해 본 사람만이 다시 할 수 있는 것이다. 당신도 영재들처럼 그런 열정을 가지고 할 수 있는 것이 반드시 있다. 신은 세상을 공평하게 만들었기 때문이다. 설사 신을 믿지 않는다고 하더라도 그것은 중요하지 않다.

시간이 걸리고 길을 돌아가더라도 반드시 기질에 맞는 일을 찾기 바란다. 기질을 찾아가는 여행길을 두려워하지 말길 바란다. 무엇인가를 해봐야 내 옷에 맞는지 아닌지를 알 수 있는 것이다. 나는 지금도 맞는 옷을 찾기 위해 정말 많은 노력을 해 나가고 있다. 다양한 경험을 통해 조용히 혼자 있는 것을 좋아하고 방해받는 것을 싫어한다는 것을 알았다. 그 부분을 가지고 끊임없이 고민했다.

'도서관 사서가 나에게 맞는 옷인가?', '철학자가 되는 길이 나의 길인가?' 스스로의 옷을 찾아가던 중 스쿠버다이빙을 취미로 시작했다. 찾으려는 노력을 하다 보니 결국 발견하게 된 것이다. 결국 취미에서 강사활동을 할 수 있게 되었다.

물속에서는 오직 내가 숨 쉬는 소리만 들린다. 호흡기가 나의 생명이기 때문에 약간의 긴장감과 몰입을 할 수 밖에 없다. 한편으로는 온통 파란 세상은 동심을 자극하기도 한다. 나와 다른 생명들이 꿈틀대고 지나갈 때는 마치 우주여행을 하는듯한 기분이 든다. 그래서 스쿠버다이빙은 '세상에서 가장 값싼 우주여행'이라고 한다. 당신에게 어떤 옷이 어울리는지 찾아가는 여행에 즐거움을 가득 안길 바란다. 정말 신나고 재미있는 삶을 살아야 하지 않겠는가. 내가 즐거운 마음이 유지가 되면 주변 사람들에게 긍정을 나눠줄 수 있게 된다. 긍정을 나눠줄 때 비로소 당신은 원하는 결과를 얻게 될 것이다.

진실과 거짓 사이에서 아슬아슬한
줄타기를 하는 것이 연출력이다

_줄타기의 법칙

쉬운 일은 어려운 듯이, 어려운 일은 쉬운 듯이 하라.

– 발타사르 그라시안(스페인의 작가)

"저를 지지하지 않는 분도 국민입니다. 국민 모두의 대통령이
되겠습니다."

최고의 후보들과 최고의 경쟁을 통해 19대 대통령으로 당선된 문
재인 대통령이 취임사 때 했던 말이다.

당선된 이후 실제로 그는 말보다는 행동으로 국민들의 신뢰를 보
여주며 흐트러진 나라를 바로잡는 일에 매진하고 있다. 당선되기까
지 여러 가지 이유가 있었겠지만 국민들이 그에게 한 표를 주었던
가장 큰 이유는 무엇이었을까? 바로 적정선을 지키는 연출력을 보
여주었기 때문이다. 진정성 있는 모습은 대선 후보에 나왔던 모든

후보들도 마찬가지였다. 그러나 나라를 나라답게 하겠다는 진정성 있는 연출은 타 후보들보다 월등했기 때문에 국민들의 마음을 사로잡았다. 또한 그를 지지하는 참모, 그가 속해있는 당은 그의 연출력을 뒷받침하기 위해 그의 언행에 맞추어 일관성 있는 태도를 보였다. 모든 것이 완벽하게 연출되었다. 이처럼 연출력은 큰 결과를 가져오기도 한다. 하지만 연출을 하는 데 정답이란 없다. 그래서 사실 적정선을 정하는 것이 어렵다.

적정선을 지키는 연출을 한다는 것은 지인의 경조사비용을 어느 정도 선에서 지출을 해야 하는지와 같은 고민이라고 할 수 있다. 한 취업포털에서 조사한 직장인들의 한 달 경조사비용은 7만 원으로, 같은 기간 1.57회 경조사에 참석한다. 평균 5만 6,600원을 지출을 하는 것이다. 직장인들의 72퍼센트는 경조사비가 '부담스럽다'고 할 정도니 금액을 정할 때 여러 가지 변수를 고려하게 된다. 또한 직장인들의 80퍼센트가 "친분에 따라 금액을 정한다."고 대답했다. 한국소비자원이 최근 결혼한 신혼부부 500명과 혼주 500명을 대상으로 조사한 결과, 이들은 축의금을 최소 3만 원부터 300만 원 사이에서 지출했다. 가족·친척에겐 평균 57만 2,000원, 친한 친구와 지인은 28만 8,000원을 냈다. 직장 동료 등은 12만 3,000원, 사회적 지인은 11만 6,300원 규모로 축의금을 결정했다.

– 출처 : 매일경제

통계자료에서 보듯이 경조사비의 적정선을 정하는 것은 여러 가지를 고민할 수밖에 없다. 몇 년 동안 한 번도 연락이 없다가 모바일 청첩장이 온 친구, 별로 친하지는 않는데 축의금을 내지 않기에는 뭔가 애매한 친구, 부모님이 아닌 조부모님께서 상을 당하셨는데 직접 가는 것이 맞는지 등 적정선을 지키는 일은 누구나 고민일 것이다. 만약, 적정선을 지키지 못하면 주는 사람도, 받는 사람도 부담이 되거나 민망할 수 있기 때문이다.

연출을 군이 할 필요가 없다면 적정선을 지킬 고민을 하지 않아도 된다. 그러나 연출하는 행동이 없다면 당신이 필요한 것을 얻기 위해 더 많은 시행착오를 겪게 될 것이다. 대한민국 대표 기획사에서는 노래 잘하고 춤 잘 추는 실력을 가지고 있어도 연습생 기간만 짧게는 2~3년, 길게는 5년 이상을 잡는다고 한다. 아무리 실력이 출중하더라도 대뷔를 하고 나서의 시행착오를 최소화하기 위해 연출력을 기르는 것이다. 무대 위에서 얼마나 연출을 할 수 있냐에 따라 시장에서 관객의 호응도가 달라지기 때문이다. 따라서 아무리 실력이 있어도 빨리 갈 길을 돌아가지 않기 위해 연출력은 반드시 필요한 것이다. 그래서 그 선을 지키는 것에 심오한 고민을 해야 하는데, 적정선을 지키기 위한 방법들은 다음과 같다.

첫째, 뱉은 말에 책임을 질 수 있는 있어야 한다. 예컨대, 연출을 잘 하는 사기꾼들은 자신이 뱉은 말에 책임을 지지 않는다. 자신이 원하는 것을 얻기 위해 순간의 연출을 할 뿐이다. 목적달성이 이루어지면 그것으로 끝이다. 즉, 책임이 없으면 지나친 연출을 할 가능성이 높아지게 된다는 것이다. 반드시 책임을 질 수 있는 선에서 말을 하는 것이 적정선을 잘 지킬 수 있다. 높은 자리에 오르면 오를수록 더욱 그래야 한다. 사실 책임을 지는 선에서 연출을 한다는 것은 쉽지는 않다. 하지만 지나친 연출로 인해 신뢰를 잃는 것보다는 "그래도 이 사람은 뱉은 말에 책임을 질 줄 아는 사람이야."라는 생각을 상대방이 갖게 된다면 약간은 과장된 것처럼 느껴지더라도 믿고 따르게 될 것이다.

둘째, 어설프게 아는 내용은 연출을 하지 않아야 한다. 주위를 돌아보면 소위 '척'하는 사람들이 있다. 척 하는 경우는 자신의 자존감에 상처를 받지 않고 권위를 실추하지 않기 위한 심리이기도 하다. 그러나 그것이 습관이 되면 사람들에게 신뢰를 잃게 된다. 예를 들어, 여자 친구가 수중 스포츠를 즐기다가 심장에 무리가 온 것이다. 심장에 무리가 왔을 경우 대개 휴식을 취하고 심할 경우 구조요청을 하는 것이 일반적이다. 그런데 여자 친구를 구하고 싶은 마음, 누군가의 도움 없이 혼자 할 수 있다는 슈퍼맨 심리로 어설픈 지식을 가진 남자 친구가 심폐소생술을 하거나 잘못된 절차로 사고가 발생한다면 돌이킬 수 없게 될 것이다. 선무당이 사람을 잡는 것이다. 수학 강사가 영어를 조금 할 줄 안다고 해서 영어를 가르쳐서는 안 된다는 것이다. 전문성이 결여된 연출은 사람을 가볍게 보이게 할 수 있고 자칫 잘못된 결과를 가져올 수 있게 되기 때문이다. 사기꾼들도 사기를 치기 위해 그 분야의 전문성을 가지고 있었다. 그렇기 때문에 현란한 말솜씨로 원하는 것을 얻을 수 있었던 것이다. 정확한 정보를 알고 있을 때 연출을 시작하도록 하자.

셋째, 무슨 일이 있어도 주눅 들지 않아야 한다. 밑바닥을 쳐본 사람들은 아무리 고난과 시련이 와도 절대 주눅 들지 않는다. 즉, 쉽게 자신감을 잃는 사람들은 좀 더 단단함을 경험할 필요가 있다. 단단함을 갖기 위해 거절당하는 연습을 하면 좋다.

'거절당하기 연습'의 저자 지아 장은 일부러 100일 동안 황당한 부탁을 해서 일부러 거절을 당하고, 무뎌지는 것을 했다고 한다. 한 번 거절당할 때마다 그 모습을 동영상으로 찍어 블로그에 올렸다. '100일 거절 프로젝트', '100일간 100번의 도전'을 하면서, 그는 "무섭고 두렵기만 했던 거절을 다른 시선으로 바라보게 되었다"고 한다. "우리에게 필요한 것은 거절을 받아들이는 연습"이라고 말했다. 거절을 당하는 연습을 하면 심장이 단단해진다. 나도 영업사원 시절에는 수없이 사람들에게 거절을 당했었다. 건물 뒤에서 울기도 많이 울었고 하루에도 수십번 마음이 요동을 쳤다. 거절을 당할 때마다 자신감은 한없이 바닥을 쳤다. '정말 먹고 사는 일이 힘들구나. 내가 이럴려고 회사에 들어오기 위해 스펙을 준비했을까?'라는 자괴감이 들 정도였다. 그런데 만약 거기서 포기를 했다면 지금의 모습도 없었을 것이다. 나도 그런 경험을 통해 이제는 누구를 만나더라도 절대 주눅 들지 않고 상황에 맞는 연출을 할 수 있게 되었다. 주눅 들지 않아야 적정선을 지키면서 과감한 연출을 할 수 있는 것이다.

선을 지킨다는 것은 연출뿐만 아니라 삶을 살아가는 데 있어서 늘 고민해야 하는 부분이다. 그리고 살아가면서 가장 어려운 기술이기도 하다. 그래서 수천 년 전에 쓰인 중용의 도가 지금까지도 이야기되고 있는 것이다. 어떻게 하면 내가 원하는 것을 얻고, 상대방에게도 원하는 것을 줄 수 있을까? 그 답은 당신의 연출력에 달려 있다. 진실과 거짓 사이에서 아슬아슬한 줄타기를 통해 당신의 멋진 인생을 응원한다.

지금 이 순간부터 달라지는 연출력,
격하게 나를 연출하라!

_연출력

오늘을 살아라.

– 호라티우스(로마의 시인)

지금까지 내적으로 길러야 하는 내면의 힘, 자신의 브랜드를 어떻게 극대화 시킬 것인지에 대한 퍼스널 브랜딩, 그리고 나의 브랜드를 어떻게 극대화할 수 있는지, 진짜와 가짜를 구별하는 눈을 갖고 진짜가 되기 위해 어떻게 해야 하는지, 치열함 속에 살아남기 위해 어떻게 해야 하는지에 대한 연출하는 방법에 대해 이야기를 해보았다. 이 모든 것들은 결코 쉽게 만들어지지는 않을 것이다. 꾸준히, 묵묵히, 쉬지 않고 걸어가는 사람만이 이룰 수 있을 것이기 때문이다.

나는 사회적으로 진짜 실력 있고 노력하는 사람들을 너무 많이 봐왔다. 영업사원을 하던 시절에는 그들의 습성, 생각, 행동을 관찰하면서 매출을 손쉽게 올리는 사람과 하루하루 스트레스 받는 사람들의 차이점들을 메모해놓았다. 그리고 언젠가는 반드시 그 내용들을 모아 책을 출시해야겠다고 생각했다. 그들 중 잘 되는 사람들은 하나같이 연출을 잘했다. 처음 사람을 만나서 관계를 유지하고 원하는 결과를 만들어내기까지 빈틈이 없었다.

사무직을 했을 때에는 사람들의 표정을 관찰했었다. 표정도 하나의 연출력이기 때문이다. 2년 동안 같은 장소에서 같은 사람들의 표정을 관찰한 결과, 다가가서 말을 먼저 걸고 싶은 사람들의 표정과 괜히 피하고 싶은 사람들의 표정은 명확하게 구별할 수 있었다. 같은 공간 안에서도 누군가는 성공의 길을 향해 가고 있고 누군가는 주는 월급을 그저 받아가며 퇴근을 기다리는 삶을 살고 있는 것이다. 성공하는 사람들은 모두 연출의 대가였다. TV에 나오는 아나운서가 집안에 좋지 않은 일이 있다고 해서 어두운 표정을 드러낸다면 시청자들은 항의를 하지 않겠는가? 학생, 직장인, 경영자 등 모두 연출을 잘 하는 사람들이 취업에 성공을 했고, 직장에서 인정을 받았고 경영에 탁월함을 보였다.

진정한 연출과 단지 일시적인 쇼맨십의 차이를 정확히 알지 못해서 실패하는 경우를 많이 보았다. 그래서 100을 거둘 수 있는 사람들이 30 밖에 거두지 못하는 사람들을 위한 책을 만들고 싶었다. 이 책에서 이야기하는 대로 자신의 행동으로 만들어 간다면 최소 3배 이상의 가치를 올릴 수 있을 것이다. 그것은 수많은 성공한 사람들의 장점들을 분석하면서, 지금까지 살아온 데이터를 압축해서 내린 결론으로서 자신 있게 이야기 할 수 있다. 그저 열심히 일만 하는 사람은 열심히 하면서 연출력까지 갖춘 사람보다는 절대 성공할 수 없다.

당신은 현재 받고 있는 수입에 만족하는가? 그 이상의 수입을 벌수 있고 더 큰 야망을 이룰 수 있음에도 불구하고 방법을 알지 못해지금까지 막연하게 살아왔는지도 모른다. 좀 더 정당한 대가를 받는 것이 맞지 않겠는가. 하물며 사기꾼도 일반인들에게 사기를 쳐서큰돈을 버는데 능력 있음에도 돈을 벌지 못하면 그건 자신에게 큰죄라고 생각한다. 이 책을 통해서 국가이든 기업이든 개인이든 진짜 실력과 내공을 100배 1,000배 연출해서 큰 성과를 냈으면 한다.

지금부터 당신은 전략이 필요하다. 진짜 당신이 능력과 실력뿐만 아니라 탁월한 연출력을 통해 세상을 바꾸어 나갈 수 있는 사람이 되어야 한다. 아마추어 세계에서는 별로 느끼지 못하겠지만 프로의 세계로 가는 순간 연출력이 얼마나 중요한지 알게 될 것이다. 그래서 지금부터 프로의 연출력을 배운다면 이미 당신은 성공하는 방향으로 나아가는 것이다. 산 속에서 일만 하면 바보, 홍보만 하면 사기꾼, 중간에서 적절한 타협점을 찾지 못하면 하지 않는 것만 못한다. 절묘한 균형점을 찾는 것이 가장 중요하다. 그것이 연출력이다. 똑같은 것도 관점을 디자인하게 되면 다른 결과가 나온다. 사람들의 공감할 수 있도록 연출해라. 각도를 달리 해서 드러내 보라. 공간도 배치에 따라, 사람들도 어떻게 옷을 입느냐에 따라, 어떻게 말을 하냐에 따라 달라진다. 사소한 차이가 승패를 좌우하는 것이다.

당신이 원하는 것만 얻는다고 연출에 성공했다고 할 수 없다. 또한 상대방에게 원하는 것을 주기만 한다고 해도 성공한 것은 아니다. 상대방이 원하는 것과 당신이 원하는 것을 갖는다는 것, 그것이 바로 '연출에 성공했다'라고 할 수 있다. 이 책은 그 고민에 조금이라도 도움이 되고 싶었다. 자기를 강력하게 어필하지 않으면 죽는다는 생각으로 해야 한다. 외식 프렌차이즈 업계를 주름잡고 있는 백종원씨가 왜 TV에 자꾸 나오겠는가? 시청자들은 그를 통해 집에서 손쉽게 요리할 수 있는 방법들을 알게 되었다. 그래서 집에서 요리를 하는 이른바 '집밥'이 하나의 트렌드였고 그 영향으로 관련 식자재들의 매출은 꾸준히 발생하게 되었다. 시청자들에게 원하는 것을 준 것처럼 그도 자신의 브랜드의 가치를 올림으로서 원하는 것을 얻게 된 것이다.

지금은 자기 마케팅의 시대이다. 자기 마케팅의 성공과 실패하는 것은 매력의 정도에 있다. 인기 있는 사람과 인기 없는 사람이 구분되는 이유는 매력을 어떻게 드러내는가에 차이에 있는 것이다. 매력을 만드는 방법이 바로 연출력이다. 매력 넘치는 인생을 살기 위해 자기 마케팅은 필수고 그렇기 때문에 연출력은 반드시 잘 해야 하는 것이다. 사랑도 성공도 명예도 전부 갖고 현대인의 삶에 반드시 필요한 기술이다. 연출을 잘 하기 위해 성찰하고 또 성찰해야 한다. 능력이 100인데 사람들이 능력이 100이라고 인정해줘야 그것이 100인 것이다. 아무리 열심히 해도 남이 알아주지 않으면 그건 아무 소용이 없다. 세계 최고의 명문대 중 하나인 하버드대학교는 학생들을 뽑는 기준이 있다고 한다. 졸업하고 나서 얼마나 성공할 것인지, 큰 인물이 돼서 하버드를 얼마나 빛내줄 것인지가 포함이 된다. 사실 하버드 대학 교수진들과 국내 명문대 교수진들의 실력 차이가 크게 있지는 않다.

　국내 명문대에서 활약을 하고 계시는 교수님들의 약력을 보면 알수 있다. 교수법에 차이가 있을 수는 있지만 오히려 약력만 보았을 때에는 더욱 화려한 국내 교수님들도 있다. 결국 하버드와 국내 명문대의 차이가 있다면 연출력이었다. 하버드를 유지하고 빛내주는 것은 결국 학생들의 인지도, 명성, 유명세에 있다는 것을 이미 알고 있었던 것이다.

그 밖에도 지금부터 당신은 글 잘 쓰는 능력을 반드시 갖추어야한다. 연출력은 표현력을 갈고 닦을 때 좀 더 수월하다. 표현하는 시대에 말과 글로 표현하지 못한다는 것은 말이 되지 않는다. 하버드 대학 교육대학원의 리처드 라이트 교수의 저서 《하버드 수재 1,600명의 공부법》에서 "하버드 생들이 4년 동안 가장 신경 쓰는 분야가 바로 글쓰기다. 자신의 생각을 글로 표현할 줄 아는 능력은 대학생활은 물론 직장에서도 가장 중요한 성공요인이다."라고 했다. 글쓰기와 말하기는 정말 중요하다는 것을 이미 하버드 학생들을 통해 알 수 있었다. 지금부터 습관을 들이고 연습을 하다 보면 꾸준히 실력은 상승하게 될 것이다. 그것은 동물과 달리 인간만이 가질 수 있는 본성이기 때문이다. 나의 브랜드는 스스로 만들어가야 한다. 누군가 도움을 줄 수는 있어도 결국 내가 어떻게 하느냐에 따라 승패가 결정된다.

연출력은 누가 해 줄 수 있는 것이 아니다. 오로지 자신이 갈고 닦아야 한다. 지금부터 당신은 혼자 돛단배를 타고 태평양을 건너가야한다. 전화도 없고 도움 받을 사람도 없다. 스스로 노를 저어서 목적지를 가야 한다. 가는 도중 예측 불가능한 순간들이 올 수도 있다. 비바람이 세차게 불어올 수도 있고 천둥 번개가 칠 수도 있다. 거친 파도가 달려들면 잠시 멈춰서 잔잔해 질 때 까지 기다리기도 해야한다. 또한 뜨거운 태양이 에너지를 줄 때면 평소보다 힘차게 노를

젓기도 해야 한다. 스스로 물고기를 잡아서 식사도 해결을 해야 하고 앞일을 모르니 미리 식량 비축도 해 두어야 한다. 캄캄한 어둠 속에서 묵묵히 노를 저어갈 수도 있고 그러다 힘이 들면 돛단배에 누워 하늘의 별들을 보며 대화를 할 수도 있어야 한다. 날아오는 새들과 대화를 해보기도 하고 가는 길 외롭지 않게 함께해주는 돌고래들이랑 친구가 되기도 해야 한다. 그렇게 묵묵히 목적지에 도착할 때까지 연출 또 연출을 해야 한다. 목적지가 보이기 시작하면 연출력의 힘은 점점 발휘할 것이다. 포기하지 않는다면 결국 목적지에 도달하게 될 것이다. 그 곳에는 당신과 타인이 원하는 모든 것이 있을 것이다. 그리고 처음 출발했던 당신의 모습과, 목적지에 도달했을 때의 모습은 전혀 다른 사람이 되어 있을 것이다.

불가능을 가능케 하고 기적 같은 일들이 눈앞에 펼쳐지는 힘이 바로 연출의 기술이다. 세상 앞에 당당히 연출하기 바란다. 돛단배를 타고 태평양을 건널 때까지 연출하고 또 연출해라. 연출력을 통해 그 벽을 넘는다면 세상 어떤 일이 당신의 눈앞에 닥쳐도 무엇이든 가능할 것이다. 격하게 나를 연출해라!

☆★ 연출력 10계명 ★☆

1. 베를린 장벽이 무너지듯 상대방 마음의 벽을 무너뜨리자. 이겨놓고 승부를 할 수 있게 될 것이다. _ **베를린 법칙**

2. 자신이 최고라는 생각을 갖자. 마음먹은 대로 그릇의 크기가 달라질 것이다. _ **넘버원 법칙**

3. 간절함이 있으면 기적은 생길 수밖에 없다. 하늘이 감동하기 때문이다. _ **절박함의 법칙**

4. 때론 자극적이고 강렬한 인상을 주는 것도 필요하다. 다시 생각날 수 있는 힘이기 때문이다. _ **노출의 법칙**

5. 아무리 실력 없는 사람도 분위기가 좋으면 하나라도 더 시도하는 노력을 한다. 분위기를 만들자. _ **조향의 법칙**

6. 야생 그대로의 정글에서도 살고자 하는 의지만 있다면 살 수 있다. 환경 탓 하지 말자. _ **정글의 법칙**

7. 기록은 저장해놓고 필요할 때마다 꺼내 쓸 수 있다. 그것은 연출을 더욱 풍부하게 해준다. _ **메모리의 법칙**

8. 모든 사람은 태어날 때부터 하나 이상의 재능이 있다. 그 재능을 찾고 살리면 연출력은 극대화된다. _ **달란트의 법칙**

9. 선을 넘으면 사기꾼, 선을 지키면 연출가가 된다. 적정선을 잘 지키는 연출가가 되라. _ **줄타기의 법칙**

10. 마지막은 당신이 만들어라. _ **연출력의 법칙**

부록

상대방을 매혹시키는
연출의 기술

연출력은 자본주의 국가에 살아가는 사람이라면 누구나 필요하다. 스스로의 힘을 바탕으로 세상과 더불어 살아가야 하기 때문이다. 그 중에서도 가장 필요한 사람들이 있다면 조직의 리더, 영업을 하시는 분, 개인 사업을 하시는 분, 1인 기업가이다. 그들은 현장 중심에서 사람을 만나는 활동을 하기 때문이다. 지금까지 왜 연출력이 중요하고 연출을 하기 위해 어떻게 하는 것이 바람직한지를 알았다면, 절대 놓쳐서는 안 될 6가지를 살펴보자.

1. 조직의 리더가 놓치지 말아야 될 것

리더는 무엇인가. 문제 해결 능력과 조직 장악 능력을 갖추고 경영자로서 전체를 조감을 하는 자리이다. 주변에 사람들이 많을 것 같지만 가장 외로운 자리이기도 하다. 그들은 모든 사람들의 이목을 한 몸에 받는다. 그래서 모든 행동 하나 하나가 관심을 갖게 되고 이슈가 되기도 한다. 따라서 보여 지는 모든 것에 신중에 신중을 가해야 하는데, 그것은 자신의 위대함을 뽐내기 위함이 아니다. '리더'라는 자리 때문이다. 그렇다면 리더가 절대 놓쳐서는 안 되는 것이 무엇인지 좋은 팁을 소개한다.

첫째, 잘 되는 분위기를 만들어 주어야 한다. 권위적인 리더십의 시대는 지났다. 직원들이 마음에서 우러나와 일을 할 수 있는 분위기를 만드는 것, 그것이 리더의 연출력이다. 잘 되는 조직은 잘 될 수밖에 없는 분위기에 있다. 리더의 역할은 잘되는 분위기를 계속 유지할 수 있게 만드는 데 있다. 수많은 변수들이 존재하겠지만 변수들마저 흔들리지 않는 분위기로 연출해주는 역할을 하는 것이 리더이다. 아무리 실적이 나쁘고 마음처럼 잘 되지 않더라도 아무도 보지 않는 곳에서 근심과 걱정을 하자. 그리고 기쁨과 흥분은 조직에게 공급하자. 그것이 연출력이다.

둘째, 알면서도 모르는 척 해주는 것도 때론 놓치지 말아야 한다. 모든 사람들을 포용할 수 있는 너그러움이 없다면 조직은 산으로 가게 되어 있다. 그의 잘못됨에 화를 버럭 내는 것이 아니라 그가 스스로 깨닫고 반성할 수 있게 만들 수 있어야 한다. 한편, 조직 구성원들도 사람이다. 알면서도 모르는 척 하는 것은 사람의 마음을 얻는 지혜이기도 하다.

셋째, 일반인이 아닌 공인이라는 생각을 놓치면 안 된다. 공인의 모습이 사라지면 전체에 누를 끼치게 된다. 공인의 모습으로 연출을 하자. 누군가에게는 존경의 대상일 수도 있고 롤모델일 수도 있다. 자신의 진짜 모습이 게으르고 소심하다 할지라도 공인이기 때문에 더욱 부지런해야 하고 대범할 줄 알아야 한다. 드라마에 나오는 연기자들의 모습과 실제의 모습이 같을까? 당신은 리더이기 때문에 리더로서, 공인으로서의 역할에 충실해야 하는 것이다.

넷째, 때론 이기적인 이타주의자로 연출을 할 줄 알아야 한다. 아무리 자신의 성향이 둥글둥글하고 손해 보는 듯 하더라도 너무 큰 배려심은 리더로 오래 살아남기 어렵다. 리더의 위치가 되는 순간 나를 조직에 던져야 한다. 조직을 위한 배려심은 갖되, 조직에 위협이 가는 것은 철저하게 이기적으로 승부를 해야 한다. 즉, 조직원들의 밥그릇에 위협이 가는 것이 있다면 철저한 이기주의자가 되어야 하는 것이다. 그 모습이 조직원들에게 신뢰를 얻을 수 있게 되고 더 큰 그림을 그려나가는 원동력이 될 수 있는 것이다.

2. 고객에게 전화를 할 때 놓치면 안 되는 것

전화는 오직 음성만 들린다. 상대방의 모습이 어떻게 생겼는지 알 수 없다. 들리는 목소리로 상대방을 판단하게 된다. 따라서 상대방과 약속을 잡거나 안부를 물을 때 어떤 식으로 하는 것이 좀 더 효율적인지 좋은 팁을 소개한다.

첫째, 목소리의 톤과 속도이다. '솔'의 음계가 가장 듣는 사람이 안정감을 준다는 연구결과가 있다. 상담 전화 업무를 하는 분들을 교육할 때에도 목소리 톤을 연습시킨다. 오직 목소리만으로 매혹을 시켜야 하기 때문이다. 그리고 평상시의 말보다 천천히 이야기를 해야 한다. 스피커에서 들려오는 말에 모든 감각이 집중되어 있다. 말을 빠르게 해서 상대방에게 조급함을 줄 필요는 없다. 천천히, 정확히 할 말을 하면서 대화를 이어나가는 것이 바람직하다.

둘째, 지방 사투리를 쓰는 사람이 억지로 표준말을 쓰려고 할 필요는 없다. 있는 그대로의 모습을 보여주는 것은 목소리도 마찬가지이다. 진정성이란 가면을 벗고 말을 하는 것이다. 특히 전화상의 목소리는 더욱 마찬가지이다.

셋째, 전화상의 대화는 짧게 끝낸다. 오래 끌수록 미팅을 잡기가 어려워진다. 요건만 간단하게 말하고 만나는 장소와 시간이 결정이 되었다면 그 때 뵙고 더 자세한 이야기 나누도록 하겠다고 하면 된다. 아무리 전화로 이야기를 해도 전화가 끝나고 시간이 지나면 기억이 가물가물해진다.

선택은 상대방에게 하도록 하자. 그리고 구체적인 선택을 할 수 있도록 질문으로 유도를 하자. 예를 들어 약속을 잡을 때 "언제 시간 괜찮으세요?" 라는 표현 보다는 "월, 수, 금 중 가능한 요일이 언제이신가요? 선생님 시간에 맞추겠습니다."라고 이야기를 하면 약속을 잡을 수 있는 확률이 높아진다. 더 나아가 "그럼 금요일에 뵙도록 하겠습니다. 계시는 곳 근처에 있는 카페에서 오후 4시까지 가겠습니다."라고 확정 지으면 된다.

넷째, 거절당하더라도 감사하다는 이야기를 꼭 하자. 최상을 기대하되, 최악의 순간도 생각할 줄 알아야 한다. 모든 일이 마음처럼 술술 잘 풀리면 좋겠지만 잘 안 되는 경우도 분명 있다. 그럴 때일수록 더욱 중요하다. 상대방이 약속을 거절할 때 "통화해주셔서 감사합니다. 지금이 아니더라도 제가 필요하시면 언제든지 연락 주십시오."라고 정중하게 이야기를 꼭 하자.

3. 영업 사원이 처음 만난 사람에게 카페에서 미팅할 때 놓치면 안 되는 것

영업이란 "고객의 니즈를 발견하여 그것을 충족시키기 위한 동기를 부여하고, 구매 후 상품의 효용가치로 인해서 욕구 충족과 만족감을 충족시키는 과정 및 행위"이다. 보험, 카드, 자동차, 사무기기 등 영업을 할 때 가장 중요한 것이 사람을 대하는 기술이다. 사람을 잘 대하는 사람은 최고의 영업 사원이 되는 것이고, 그렇지 못한 사람은 오래가지 못하게 된다. 늘 사람을 만나는 영업사원들이 첫 비즈니스 미팅 때 하면 좋은 팁을 소개한다.

첫째, 설레게 만들어야 한다. 만남이 30분이 될 수도 있고 10분이 될 수도 있다. 만나는 시간 동안, 상대방에게 하루 중 가장 행복하고 즐겁게 만들어줄 수 있어야 한다. 즐겁게 만들어주면 마음의 벽을 낮출 수 있다. 아무리 똑똑하고 설명을 잘 해도 눈과 귀를 닫고 있는 사람에게 이야기를 하면 소용없다. 따라서 업무적인 이야기 보다는 요즘 근황이 어떻게 되는지, 입고 오신 옷이 정말 예쁘다던지, 만나는 장소까지 올 때 불편함은 없었는지 등 자연스러운 대화 속에서 비즈니스의 향기를 낼 줄 알아야 한다.

둘째, 상대방이 보기에 '대접받는' 느낌이 들 수 있도록 해야 한다. 프로의 세계에서는 첫인상이 가장 중요하다. 첫인상부터 대접받는 느낌이 들 수 있도록 하려면 복장부터 신경을 써야 한다. 화려한 명품을 치장을 하는 것이 아니라 깔끔하고 반듯한 이미지가 좋다. 또한 듣는 자세도 정말 중요하다. 팔짱을 끼고 있다거나 다른 곳을 쳐다보는 행동을 한다면, 처음 본 사람의 입장에서 무례한 행동이라 생각할 수 있다.

셋째, 리액션을 잘 해야 한다. 대한민국 MC계의 1인자라고 감히 말할 수 있는 유재석은 정상에 오를 때 가장 잘 했던 것이 바로 리액션이었다. 상대방의 장단에 맞추어 주는 것은 상대방을 편하게 할 수 있다. 그렇다고 너무 과한 리액션은 지양해야 한다. 자칫 가벼

부록

워 보일 수 있기 때문이다. 계속 말을 이어갈 수 있게, 속에 있는 말을 더 할 수 있게 만드는 것이 바로 리액션이라는 것을 잊지 마라.

넷째, 공감대 형성을 해야 한다. 공감이라는 것은 사람과 사람이 소통을 하는 데 있어서 아주 중요하다. 공감을 얻지 못하면 비즈니스는 끝이 나고 말 것이다. 상대방과 동일시되는 무언가를 잘 포착할 줄 안다면 공감대 형성은 쉽게 될 수 있을 것이다. 가령, 상대방이 프로야구를 좋아한다고 해보자. 그럼 야구를 주제로 이야기를 하면 된다. "어제 야구 경기를 보았더니 9회말 2아웃에서 역전하는 거 보고 정말 소름 돋았어요."라고 하면서 비즈니스 이외에 그가 관심 있어 하는 분야를 가지고 대화를 해보자. 생각보다 좋은 결과를 가져올 수 있을 것이다.

다섯째, 궁금증을 유발할 수 있어야 한다. 모든 패를 드러내는 것은 연출이 아니다. 모든 것을 드러내는 것 보다 살짝 가리는 것이 더욱 자극적이고 효과적이다. 여우같은 여자들이 곰 같은 여자들보다 사회생활을 더 잘하는 비율이 큰 이유가 바로 여기에 있다. 마치 드라마 한 회가 끝나고 '다음 편에 계속'과 같은 느낌이 들 수 있게 한다면 최고의 미팅이라고 할 수 있다. 어렵게 생각할 필요는 없다. 당신의 설레임을 그대로 전달할 수 있다면 상대방의 궁금증은 증폭될 것이기 때문이다.

4. 미팅이 끝날 때 놓치지 말아야 할 것

미팅은 끝이 아니라 시작이다. 시작을 하기 위한 만남이 이루어진 것인데, 그 자리에서 무엇인가 승부를 보려고 한다면 실패할 확률이 크다. 따라서 미팅을 마치고 난 후도 정말 중요하다. 인간적인 호감을 얻고 오랜 관계를 유지하면서 자연스럽게 원하는 결과를 가져올 수 있는 좋은 팁을 소개한다.

첫째, 다시 만날 약속을 잡아야 한다. 한 번의 만남으로 인간관계를 형성하기는 어렵다. 계약을 위한 목적을 가지고 만남이 이루어진 것이지만 계약은 인간적인 유대에서 나오는 것이다. 반드시 다시 만날 약속을 잡고 헤어지기 바란다.

둘째, 헤어지고 난 후 "오늘 시간 내 주셔서 진심으로 감사드립니다."라고 시작하는 문자를 꼭 남겨라. 말로 하는 표현과 글로 하는 표현은 또 다르다. 상대방에게 다시 한 번 다음 약속 시간을 상기시키는 동시에 '당신에게 관심을 갖고 있습니다.'라는 것을 인식시킬 수 있다.

셋째, 좋은 글귀나 감동적인 문구가 있고 그 내용이 공감이 간다면 보내보자. 논어, 맹자, 사기, 채근담을 비롯해서 현존하는 사람들의 명언이 있다면 그와 관련된 내용을 보내는 것도 좋다. 한 문장의 명언이 상대방의 마음속에서 동기부여를 가져왔다면 당신은 그 어떤 것보다 엄청난 행동을 한 것이다.

5. 개인 사업가, 1인 기업가가 놓치지 말아야 할 것

혼자 사업을 하는 사람들은 모든 것을 다 할 줄 알아야 한다. 기업의 경영부터 마케팅, 홍보, 판매전략 등 팔방미인이 되어야 하는데, 지금부터 그들이 할 수 있는 팁을 이야기해보고자 한다.

첫째, 하늘에서 누군가 지켜보고 있다는 생각을 해야 한다. 1인 기업가는 프로다. 아마추어처럼 앞에서 잘 보이고 뒤에서 다른 행동을 해서는 안 된다. 더 크게 될 수 있음에도 불구하고 성장이 멈출 수 있기 때문이다. 늘 누군가 지켜보고 있다는 생각을 해라. 그럼 스스로 긴장을 하게 되고 일이 삶이고 삶을 일이라고 생각하게 된다. 우선 그 생각이 뿌리깊게 가슴 속에 있어야 진정한 실력과 연출을 할 수 있는 것이다.

둘째, 비즈니스는 연애와 같다는 생각이다. 절대 혼자서는 할 수 없다는 것을 인정해야 한다. 그래서 서로간의 신뢰를 쌓기 위해 노력해야 한다. 또한 서로가 이익이 될 수 있는 것을 상대방에게 제시를 할 수 있어야 한다. 그게 안 되면 상대방은 당신에게 매력을 갖지 않을 것이다. 비즈니스이기 때문이다. 마지막으로 장기적으로 생각을 하자. 연애하는 이성 친구를 한 번만 보고 끝낼 사람은 아니지 않은가? 비즈니스도 마찬가지다. 연애하듯 비즈니스를 하자.

셋째, '상대방은 늘 변한다.'라는 것을 인정하자. 오늘 도장을 찍었다고 해서 절대 안심을 해서는 안 된다. 아마추어는 목적 달성을 한 후 상대방을 대하는 태도가 변하고 프로는 그것과 무관하게 계속 인연을 만들어간다. 변심하는 것도 당신의 행동에 달려있다. 사람을 사람으로 대해야지 절대 목적으로, 돈으로, 일회성으로 보아서는 안 된다.

6. 고객 또는 상대방에게 절대 하지 말아야 할 행동

첫째, 얕은 지식으로 마치 다 아는 것처럼 이야기를 해서는 안 된다. 연출이라는 것은 내공과 실력이 바탕이 된 후에 비로소 빛을 발하는 것이다. 모르는 것은 모른다고 얘기를 하는 것이 오히려 정직이라는 나무가 자라기 때문에 연출력에 보탬이 되는 것이다. 공자님께서도 "아는 것을 안다고 하고, 모르는 것을 모른다고 하는 것이 진정한 앎이니라."라고 했다.

둘째, 어떤 잘못이 있더라도 남 탓을 해서는 안 된다. 당장은 손해이고 억울할 수 있지만 멀리 보았을 때 이 모든 원인이 나로부터 시작이 되었다고 생각을 하자. 그 생각을 가지고 있다면 머지않아 성공이 당신을 부를 것이다. 이기심보다는 이타심이 있기 때문이다. 단군도 홍익인간을 얘기하면서 '널리 인간을 이롭게 한다.'라고 했다. 이타심은 우리 민족의 혼이자 정체성이다. '다 내 잘못이다.'라고 생각하고 행동한다면 좋은 결과를 가져올 것이다.

셋째, 무엇인가 바라고 행동을 해서는 안 된다. 연출력은 순수함이라는 땔감으로 불태우는 것이다. 상대방이 잘 됐으면 하는 마음, 상대방에게 필요한 것을 아낌없이 주는 마음이 있을 때 비로소 큰 열매를 맺는 것이다. 상대방도 당신이 무언가 바라고 행동을 한다면 알아차릴 것이다. 당신만큼 상대방도 똑똑하다는 것을 잊지 말자.

넷째, 내가 처해 있는 상황이 가장 최악이고, 내가 있는 자리가 가장 최악이라는 생각으로 행동해서는 안 된다. 남자들이 군대 이야기를 하면 마치 전설속의 영웅인 듯 이야기를 한다. 당시 현역 생활 할 때에는 세상에서 가장 최악의 군 생활을 했다고 생각했으면서 말이다. 최악도 최고도 없다. 사람은 시간이 지나면 적응하기 마런이다. 최악을 경험했다면 더 내려갈 곳이 없기 때문에 오를 일만 남았다. 단 1퍼센트의 부정이 마음에 자리하게 된다면 99퍼센트 긍정은 밀려나게 되어 있다. 나보다 더 최악의 상황에 있는 사람은 늘 존재한다는 생각으로 오직 긍정만 생각하자. 그 힘이 연출력의 바탕이 될 것이다.

다섯째, 사적인 일로 노여움이 마음에 있다고 해서 상대방에게 그 기운을 옮겨서는 안 된다. 프로는 공과 사를 확실하게 선을 그을 줄 알아야 한다. 논어에서도 '불천노 불이과(不遷怒 不貳過)'라고 했다. '노여움을 다른 사람에게 옮겨 풀지 않으며, 자신의 과오를 되풀이하지 말라.'는 뜻이다. 공자가 가장 사랑하던 수제자인 안회(顔回)가 40세의 나이로 일찍 죽자, 땅을 치고 통곡하면서 '하늘이 나를 버리시는구나(天喪予), 하늘이 나를 버리시는구나!' 하면서 하늘을 원망하셨는데, 그 제자의 성품을 칭찬하는 말이 불천노 불이과였다. 그는 화나는 일이 있어도 그 노여움을 남에게 옮기거나 얼굴을 붉히는 일이 없었다는 것이다. 그 뿐만 아니라 두 번 다시 하나의 잘못을 반복하지 않았다는 것이다. 당신도 그러한 인격을 갖는다면 그 인격을 존중해줄 것이다.

《감옥으로부터 사색》 신영복, 돌베개, 1998

《거절당하기 연습》 지아 장, 한빛비즈, 2017

《금쪽같은 논어》 박성자 역, 고요아침, 2014

《김대중자서전》 김대중, 삼인, 2011

《나는 이런 책을 읽어 왔다》 다치바나 다카시, 청어람미디어, 2001

《나우루 공화국의 비극》 뤽 폴리에, 에코리브르, 2010

《남자들은 왜 여우 같은 여자를 좋아할까》 노진선, 인사이트북스, 2014

《낯가림이 무기다》 다카시마 미사토, 흐름출판, 2015

《디테일의 힘》 왕중추, 올림, 2005

《마케팅의 시크릿 코드》 홍성태, 위즈덤하우스, 2010

《매력의 조건- 30초의 승부》 잇시키 유미코, 21세기북스, 2016

《박시백의 조선왕조실록》 박시백, 휴머니스트, 2015

《백악관을 기도실로 바꾼 링컨》 전광, 생명의말씀사, 2003

《브랜드 마케팅 이렇게 하면 실패한다》 롭 그레이, 도도, 2016

《사기꾼증후군》 해럴드 힐먼, 새로운현재, 2014

《서른 번 직업을 바꿔야만 했던 남자》 정철상, 라이온북스, 2011

《싸가지 인간관계론》 양광모, 퍼플, 2012

《오바마 대통령 최고의 연설》 버락 오바마, 삼지사, 2017

《완벽하지 않는 것들에 대한 사랑》 혜민, 수오서재, 2016

《유배지에서 보낸 편지》 정약용, 창비, 2009

《이용재의 궁극의 문화기행1》 이용재, 도미노북스, 2011

《자기 PR의 시대》김성연, 지성문화사, 2007

《자기표현의 힘》홍성태, 더난출판사, 2003

《조선왕조실록》설민석, 세계사, 2016

《차이의 전략》윌리엄 아루다 · 커스틴 딕슨, 아고라, 2008

《클레오파트라》에디트 플라마리옹, 시공사, 1997

《탈무드》세상모든책, 2002

《퍼스널 브랜드로 리드하라》박서연, 책과나무, 2016

《퍼스널 브랜드로 승부하라》조연심 · 이장우, 21세기북스, 2012

《퍼스널 브랜딩 신드롬》피터 몬토야, 바이북스, 2009

《필립 코틀러 퍼스널 마케팅》필립 코틀러, 위너스북, 2010

참고문헌

퍼스널 브랜드의 완성,
연출의 힘

1쇄 인쇄 2017년 7월 1일 **1쇄 발행** 2017년 7월 7일

지은이 최규호 **펴낸곳** 모바일북 **펴낸이** 박정화

등록 2013년 10월 18일 (제2013-000156호)
주소 경기도 고양시 덕양구 은빛로 43 은하수빌딩 8층 801호 (우.10449)
전화 070) 4685-5799 **팩스** 0303) 0949-5799
이메일 gliderbooks@hanmail.net
블로그 http://gliderbook.blog.me/

주문처 글라이더
ISBN 979-11-953578-7-1 03190

이 도서의 국립중앙도서관 출판예정도서목록(CIP)은 서지정보유통지원시스템 홈페이지
(http://seoji.nl.go.kr)와 국가자료공동목록시스템(http://www.nl.go.kr/kolisnet)에서 이용하실 수
있습니다. (CIP제어번호: 2017014552)